新学習指導要領対応

学校でも、家庭でも
教科書レベルの力がつく！

国語 小学2年生
習熟プリント

学力の基礎をきたえどの子も伸ばす研究会
森ひろ美 著
金井敬之・川岸雅詩 編

これなら
できた！

清風堂書店

はじめに

本書は、発売以来三十年以上も学校や家庭で支持され、歴史を積み重ねてきました。
それは、「勉強に苦手意識のある子どもを助けたい」という私たちの願いを皆様に感じ取っていただけたからだと思います。
今回の改訂では、より子どもの学習の質を高める特長を追加しました。

変わらない特長

○通常のステップよりも、さらに細かくスモールステップにする。
○大事なところは、くり返し練習して習熟できるようにする。
○教科書レベルの力がどの子にも身につくようにする。

新しい特長

○読みやすさ、わかりやすさを考えた「太めの手書き風文字」
○解答は、本文を縮小し、答えのみ赤字で表した「答え合わせがしやすい解答」
○随所に、子どもの意欲・自己肯定感を伸ばす「ほめる・はげます言葉」
○学校でコピーする際に便利な「消えるページ番号」
（※本書の「教育目的」や「私的使用の範囲」以外での印刷・複製は、著作権侵害にあたりますのでおやめください。）

小学校の国語科は、学校で使用する教科書によって、進度・内容が変わります。
そこで本書では、前述の特長を生かし、どの子にも力がつく学習ができるように工夫をしました。
まず、「文字学習」「語彙学習」「文法学習」「読解学習」といった幅広い学習内容に対応し、子ども一人一人の目的に合わせた学習を可能にしました。

また、ポイントの押さえ方がわかる構成と、基本に忠実で着実に学力をつけられる問題で、苦手な子でも自分の力で取り組めるようにしています。

文章を「読む力」「書く力」は、どんな時代でも必要とされる力です。

本書が、子どもたちの学力育成と、「わかった！」「できた！」と笑顔になる一助になれば幸いです。

このページで学習する内容を表します。学習した月日、名前を書きましょう。

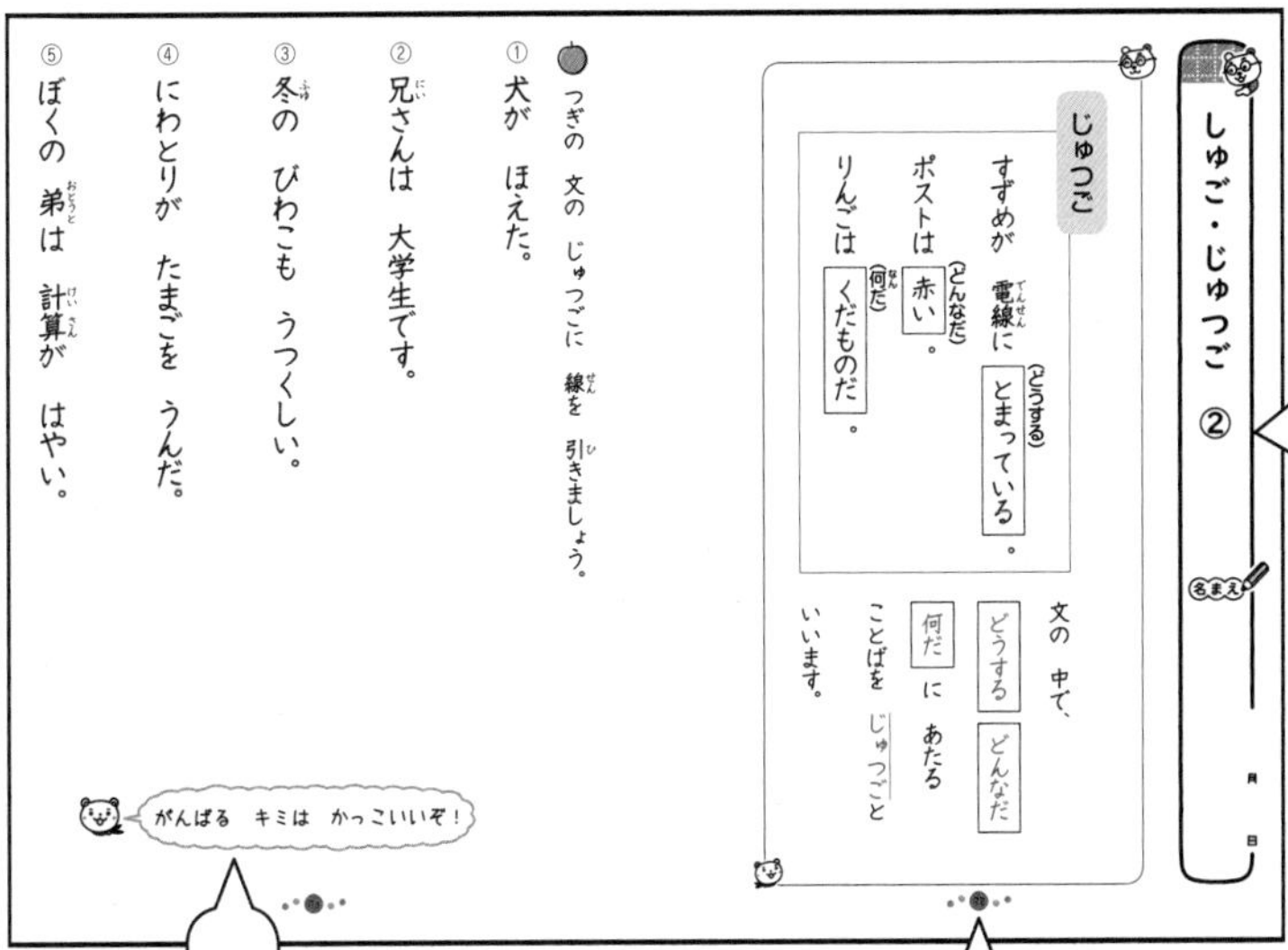

白黒コピーでページ番号が消えます。

ほめる・はげます言葉

解答は、問題が白黒、答えが赤だから、〇つけがカンタン！

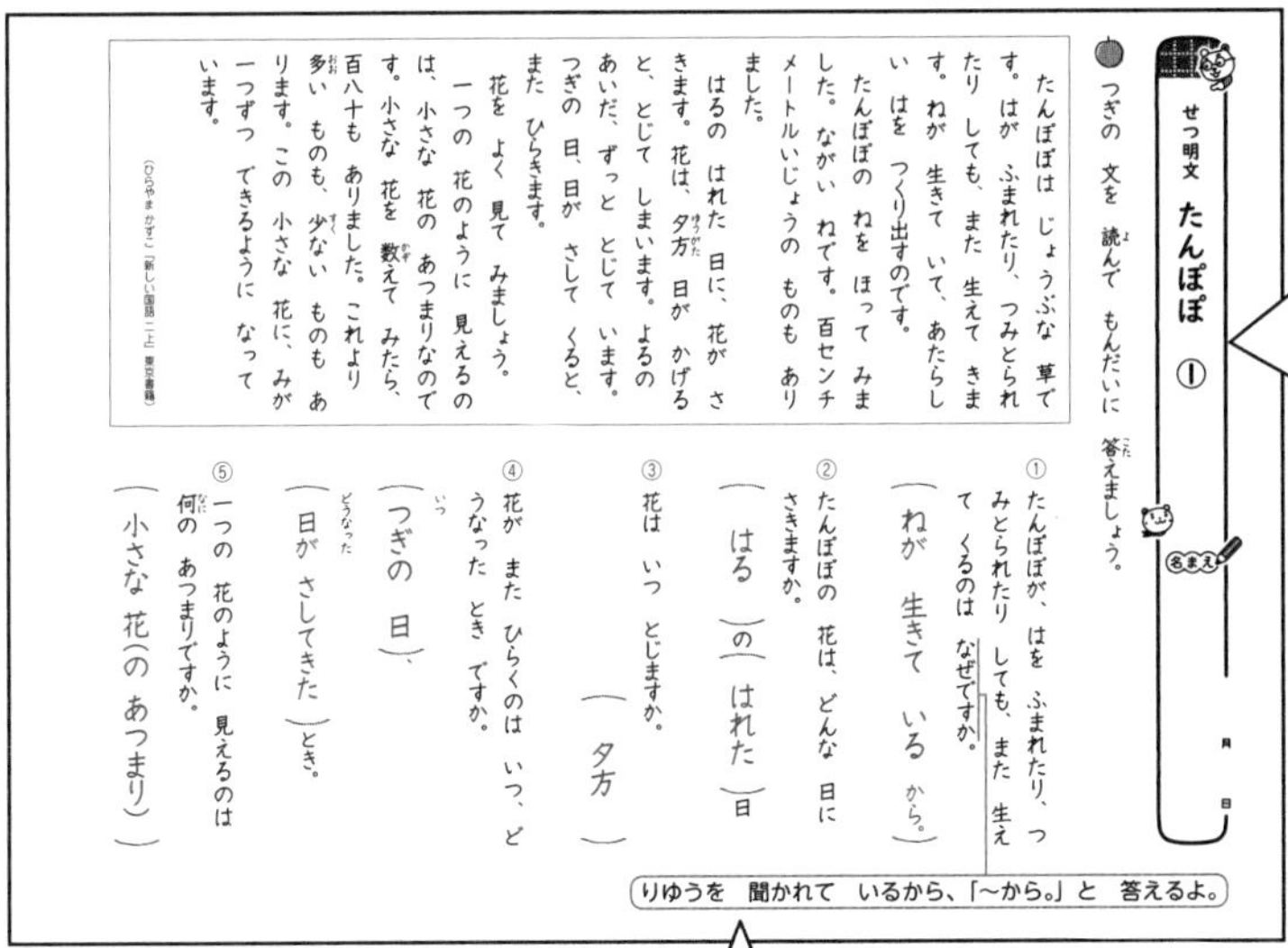

ワンポイントアドバイスつき！

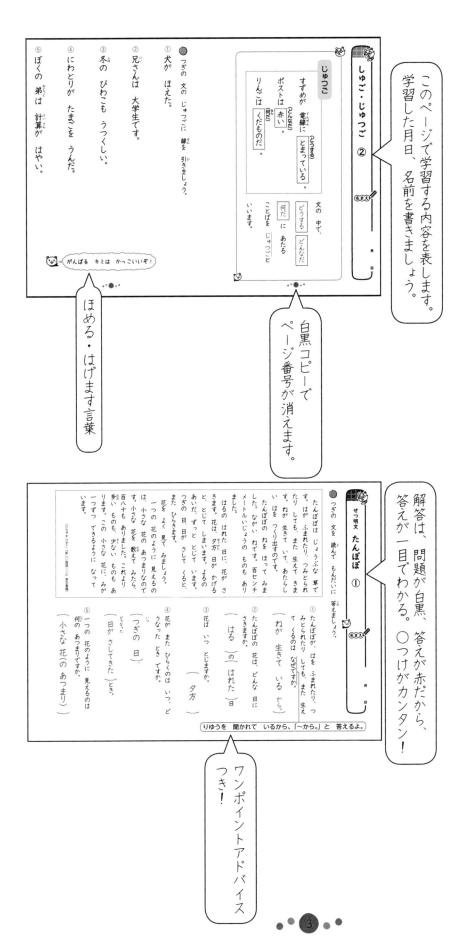

国語習熟プリント二年生　もくじ

ものがたり文

せつ明文

かたかな ①

名まえ

月　日

ひらがなを　かたかなに　直《なお》しましょう。

① ぽすと

② ぴあの

③ ここあ

④ みるく

⑤ たおる

⑥ くいず

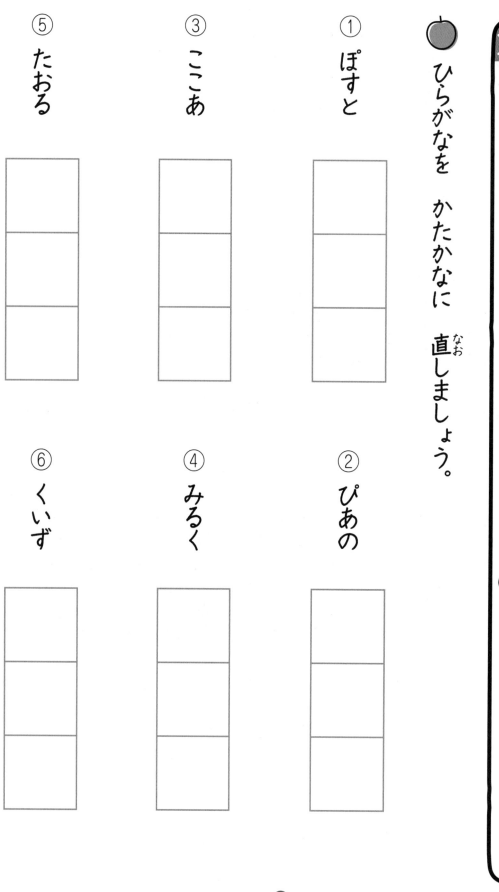

⑦ どあ

⑧ ごむ

⑨ がらす

⑩ ないふ

⑪ ばけつ

⑫ ふらんす

ていねいに　書《か》けるかな!?

かたかな ②

名まえ

月　日

ひらがなを　かたかなに　直《なお》しましょう。

①けえき

②くりいむ

③すぴいど

④すとおぶ

⑤ くうらあ

⑥ すかあと

⑦ はんばあぐ

⑧ はあもにか

⑨ があどれえる

⑩ しいる

かたかな ③

名まえ

月　日

ひらがなを　かたかなに　直《なお》しましょう。

① ばっと

② びすけっと

③ なっぷざっく

④ ぽけっと

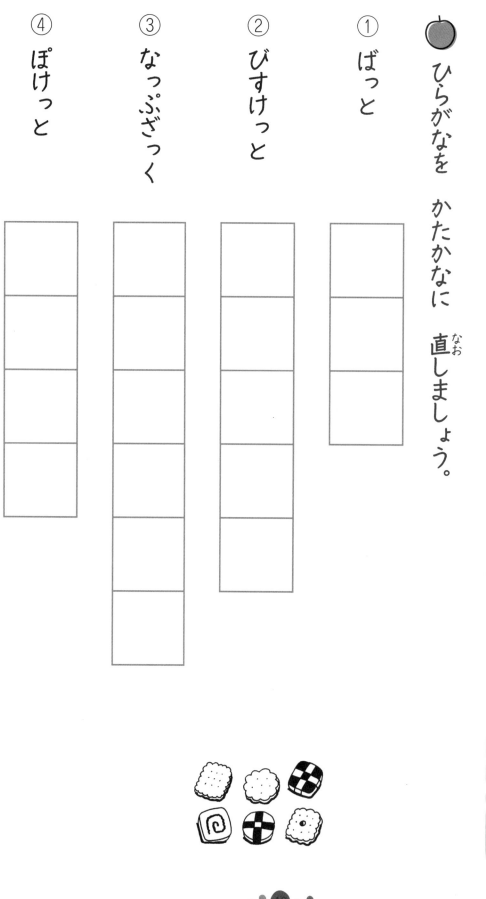

⑤ かすたねっと

⑥ すりっぱ

⑦ ろけっと

⑧ とらっく

⑨ よっと

⑩ ぱれっと

小さい「っ」に　気をつけてね！

かたかな ④

名まえ

月　日

ひらがなを　かたかなに　直《なお》しましょう。

① ぺんぎん

② わんわん

③ おらんだ

④ らんどせる

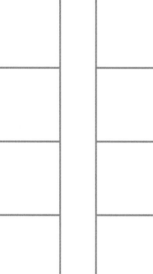

⑤ ばいおりん

⑥ えんじぇる

⑦ きゃらめる

⑧ しょぱん

⑨ じゃんぐる

⑩ きゃんきゃん

かたかな ⑤

名まえ

月　日

ひょうを　見て　かたかなに　直《なお》しましょう。

	あ		か		さ
	い		き		し
	う		く		す
	え		け		せ
	お		こ		そ

	た		な		は
	ち		に		ひ
	つ		ぬ		ふ
	て		ね		へ
	と		の		ほ

	ま		や		ら
	み				り
	む		ゆ		る
	め				れ
	も		よ		ろ

わをん
きゃきゅきょ
しゃしゅしょ
ちゃちゅちょ

にゃにゅにょ
ひゃひゅひょ
みゃみゅみょ
りゃりゅりょ

ぎゃぎゅぎょ
じゃじゅじょ
びゃびゅびょ
ぴゃぴゅぴょ

かたかな ⑥

名まえ

月　日

つぎのような ことばは かたかなで 書《か》きます。

① 外国《がいこく》の 国《くに》や 土地《とち》の 名前《なまえ》 — インド ニューヨーク

② 外国の 人の 名前 — アンデルセン シューベルト

③ 外国から 来《き》た ことば — パン ピアノ

④ ものの 音 — パチャパチャ ガチャン

⑤ どうぶつの 鳴《な》き声《ごえ》 — ニャーゴ コケコッコー

□に あてはまる ことばを □から えらび、かたかなで 書きましょう。

① 外国の 国や 土地の 名前

② 外国の 人の 名前

③ 外国から 来た ことば

④ ものの 音

⑤ どうぶつの 鳴き声

どすん　めきしこ　きゃらめる　えじそん
わんわん　ろしあ　ぴかそ

かなづかい ①

名まえ

月　日

1 つぎの 文で 正しい 方《ほう》を ○で かこみましょう。

① （わ・は）たし（わ・は）、本（お・を）読《よ》んで います。

② （お・を）ばさん（お・を）むか（え・へ）に、バスの ていりゅうじょ（え・へ）行《い》きました。

2 つぎの　ことばで　正しい　方を　○で　かこみましょう。

① ｛おとおと／おとうと｝

② ｛おとうさん／おとおさん｝

③ ｛とうい／とおい｝みち

④ ｛とおげ／とうげ｝

⑤ ｛おうかみ／おおかみ｝

⑥ ｛こうり／こおり｝の山

⑦ ｛おおきい／おうきい｝

⑧ ｛こうろぎ／こおろぎ｝

⑨ 車が｛とう／とお｝る。

⑩ 九つより｛とう／とお｝の　方が　数《かず》が｛おうい／おおい｝よ。

かなづかい ②

名まえ

月　日

□に　あてはまる　字を　┆┆から　えらんで　書《か》きましょう。（何回《なんかい》も　つかう　字も　あります。）

① わたし□、女の子です。

② びょう気□、な□しました。

③ ぼく□、□母《かあ》さんの　□手つだいで、にもつもち□しました。

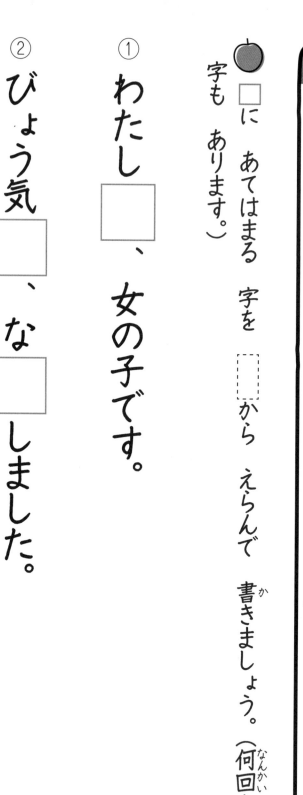

④ □花やさんは、花□ 売《う》ります。

⑤ わたしは、□じいさんに「□元《げん》気《き》でね。」と、
あいさつ□ しました。

⑥ おね□さん□、□つかいで、えきま□の
しょうてんがい□ 行《い》きました。

は お を え へ

その
ちょうし♪

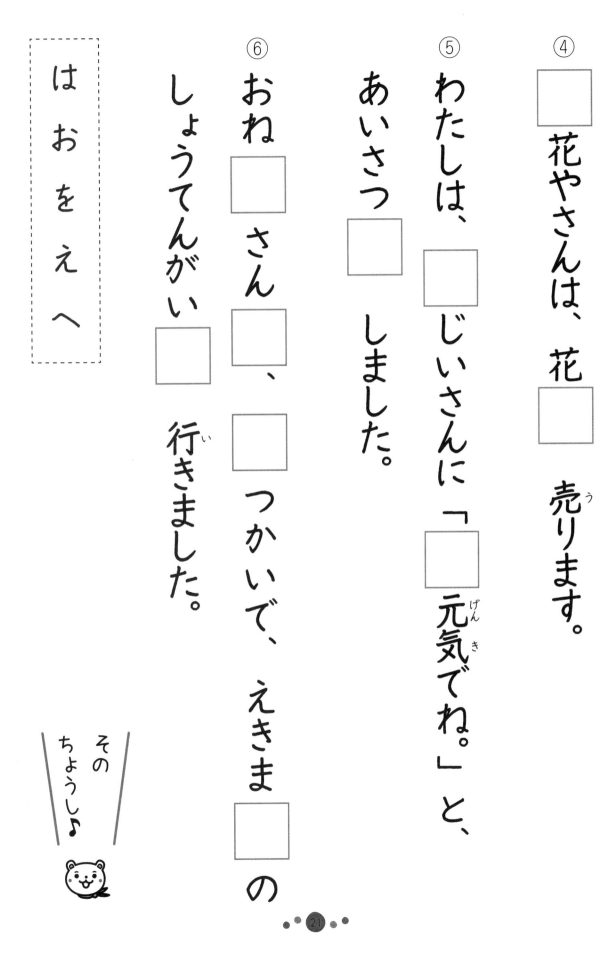

かなづかい ③

名まえ

月　日

□に　あてはまる　ことばを　[　]から　えらんで　書《か》きましょう。

① 友《とも》だち□　あそびに　来《き》た。

② きゅう食《しょく》□　食《た》べる。

③ 学校□　行《い》く。

④ ノート□　書く。

⑤ 公園《こうえん》□　あそぶ。

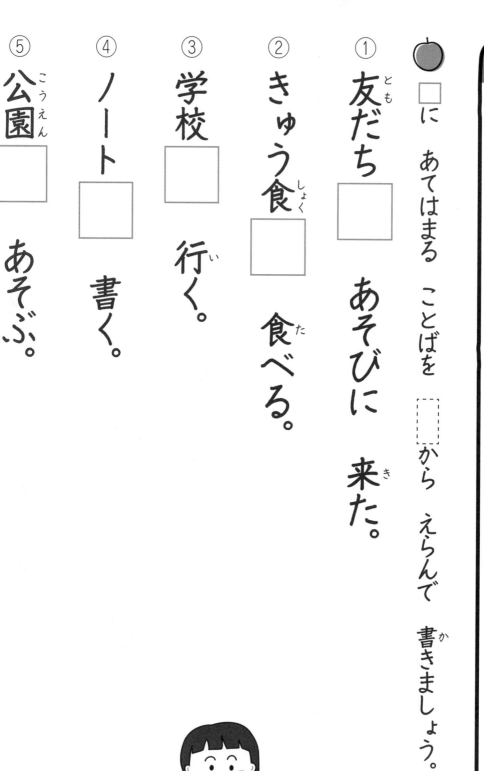

⑥ 妹《いもうと》□　手を　つなぐ。

⑦ ぼく□、二年生です。

⑧ これは　ぼく□　ランドセルです。

⑨ おつかい□□　帰《かえ》った。

⑩ お寺《てら》□□　走《はし》ろう。

から　へ　を　まで　と　に　が　は　ので

組み合わせた　ことば

名まえ

月　日

1 つぎの　ことばを　合《あ》わせて　合わせことばを　作《つく》りましょう。

① 村　＋　まつり　↓

② いも　＋　はたけ　↓

③ かた　＋　くるま　↓

④ たすける＋　あう　↓

⑤ おる　＋　まげる　↓

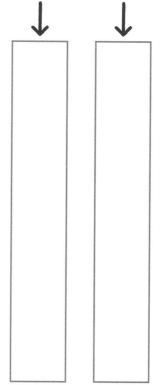

2 つぎの　合わせことばを　もとの　ことばに　分《わ》けましょう。

① ごみばこ

⇩ ＋

② 近道《ちかみち》

⇩ ＋

③ あらいながす

⇩ ＋

④ つみかさねる

⇩ ＋

⑤ わらいころげる

⇩ ＋

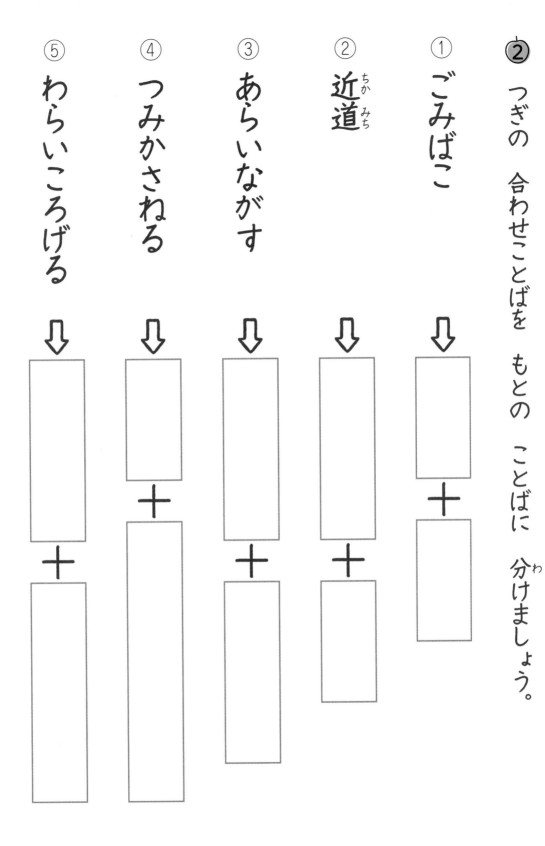

じ・ぢの つかい方

名まえ

月　日

つぎの｛じ・ぢ｝で 正しい 方《ほう》を ○で かこみましょう。

① ｛じ・ぢ｝しんを もつ。

② ｛じ・ぢ｝かんが たつ。

③ はな｛じ・ぢ｝が 出た。

④ め｛じ・ぢ｝りが 下がる。

⑤ かん｛じ・ぢ｝を 書《か》く。

⑥ ｛じ・ぢ｝しゃく

⑦ はな｛じ・ぢ｝ょうちん

⑧ ち｛じ・ぢ｝む

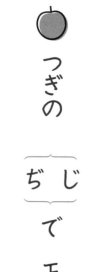

⑨ （じ・ぢ）めん

⑪ すう（じ・ぢ）

⑬ ゆのみ（じ・ぢ）ゃわん

⑩ わる（じ・ぢ）え

⑫ み（じ・ぢ）かな 人

⑭ のど（じ・ぢ）まんに 出た。

ゆのみぢゃわん と いう ことばは、
ゆのみ ＋ ちゃわん の 二つの ことばを
合《あ》わせた 合わせことばです。
「ちぢむ」は 「ち」が かさなるので 二音目が
「ぢ」に なります。

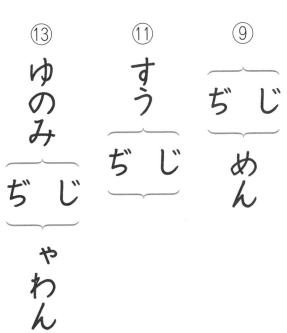

ず・づの つかい方

名まえ

月　日

つぎの {ず/づ} で 正しい 方《ほう》を ○で かこみましょう。

① みか{ず/づ}き

② かな{ず/づ}ち

③ {ず/づ}がこうさく

④ うで{ず/づ}もう

⑤ つ{ず/づ}き

⑥ こ{ず/づ}つみ

⑦ いのち〔ず　づ〕な

⑧ あか〔ず　づ〕きん

⑨ 〔ず　づ〕つう

⑩ にん〔ず　づ〕う

⑪ だい〔ず　づ〕

⑫ せんば〔ず　づ〕る

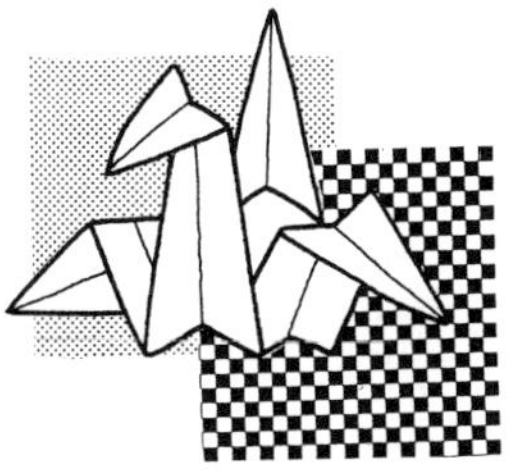

せんばづる と いう ことばは、
せんば ＋ つる の 二つの ことばを 合《あ》わせた
合わせことばです。
「つづき」は 「つ」が かさなるので 二音目が
「づ」に なります。

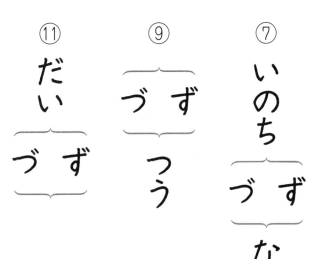

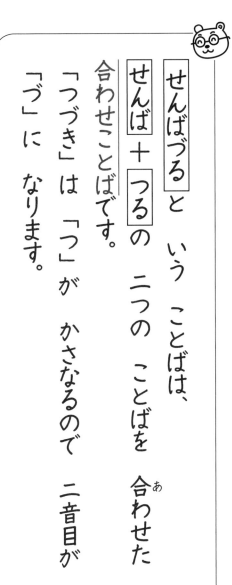

同じ いみの ことば にた いみの ことば ①

名まえ

月　日

① 上の ことばと にた いみの ことばを 下から えらび、線《せん》で むすびましょう。

見る ・	・ いかる
話《はな》す ・	・ しゃべる
わらう ・	・ ながめる
食《た》べる ・	・ くう
おこる ・	・ ほほえむ

② 上の ことばと 同《おな》じ いみの ことばを 下から えらび、線で むすびましょう。

ビルディング・ ・本

カメラ・ ・じゅうたん

カーペット・ ・たてもの

マーク・ ・うんどう

ノート・ ・しゃしんき

ブック・ ・ちょうめん

スポーツ・ ・しるし

同じ　いみの　ことば
にた　いみの　ことば　②

名まえ

月　日

① つぎの　ことばの　べつの　言《い》い方《かた》を　二つ　書《か》きましょう。

父《ちち》

兄《あに》

母《はは》

姉《あね》

② つぎの　ことばの　べつの　言い方を　知《し》って　いるだけ　書きましょう。

自分《じぶん》

あなた

3 つぎの　ことばと　同《おな》じか、よく　にた　いみの　ことばを　[ ]から　えらび　記《き》ごうで　書きましょう。

① しゃがむ　[ ]

② もらう　[ ]

③ ねがう　[ ]

④ うしなう　[ ]

⑤ なげく　[ ]

⑥ あゆむ　[ ]

ア　いただく
イ　すわりこむ
ウ　あるく
エ　のぞむ
オ　なくす
カ　かなしむ

はんたいの いみの ことば ①

名まえ

月　日

つぎの ことばと はんたいの いみの ことばを □から えらんで 書《か》きましょう。

① よい（　）

② あつい（　）

③ たかい（　）

④ ながい（　）

⑤ あかるい（　）

⑥ かたい（　）

⑦ うれしい（　）

⑧ つよい（　）

⑨ あさい（　）

⑩ つめたい（　）

⑪ あまい（　　　　）

⑫ うつくしい（　　　　）

⑬ はやい（　　　　）

⑭ とおい（　　　　）

⑮ おおい（　　　　）

⑯ おいしい（　　　　）

⑰ あたらしい（　　　　）

⑱ おもい（　　　　）

ふるい　かなしい　あたたかい　かるい
おそい　わるい　みにくい　ひくい
すくない　くらい　ちかい　みじかい
よわい　ふかい　やわらかい
まずい　さむい　からい

はんたいの いみの ことば ②

名まえ

月　日

つぎの ことばと はんたいの いみの ことばを 書《か》きましょう。

① のびる ——

② おす ——

③ 生きる ——

④ 当《あ》たる ——

⑤ (ドアを) あける ——

⑥ ふえる ——

⑦ 売《う》る ——

⑧ ぬれる ——

⑨ おきる

⑩ ふくらむ

⑪ （バスに）のる

⑫ すてる

⑬ かつ

⑭ うく

⑮ 帰《かえ》る

⑯ 上がる

⑰ はじまる

⑱ なく

組になる　かん字

名まえ

月　日

つぎの　かん字と　組《くみ》に　なる　かん字を　書《か》きましょう。

① 大 ―

② 右 ―

③ 多 ―

④ 出 ―

⑤ 前 ―

⑥ 上 ―

⑦ 兄 ―

⑧ 父 ―

⑨ 北 ―

⑩ 春 ―

⑪ 夏 ―

⑫ 晴 ―

⑬ 外 ―

⑭ 手 ―

⑮ 姉 ―

⑯ 親—□

⑰ 遠—□

⑱ 男—□

⑲ 天—□

⑳ 強—□

㉑ 町—□

㉒ 東—□

㉓ 海—□—川

㉔ 年—月—□

㉕ 朝—昼—□

おととい—きのう—今日《きょう》—明日《あした》—あさって
なども、組に　なる
ことばです。

音の 同じ ことば

名まえ

月　日

● つぎの □の ことばと 同《おな》じ いみで つかわれて いる 方《ほう》に ○を つけましょう。

① かわ で およぐ。

ア（　）ミカンの かわを むく。
イ（　）かわで せんたくを する。

② ふじ の 山

ア（　）ふじの やまいに かかる。
イ（　）日本一の ふじを ながめた。
ウ（　）ふじの 花が さいた。

③ 夏《なつ》は あつい。

ア（　）ぶあつい 本。
イ（　）あついので やけど した。
ウ（　）あついので あせが 出た。

④ 家《いえ》が たつ。

ア（　）人が たつ。
イ（　）はらが たつ。
ウ（　）ビルが たつ。

⑤ きょうは はれた。

ア（　）はれた 青空。
イ（　）きず口が はれた。

数える ことば ①

名まえ

月　日

●（　）に あてはまる ことばを 書《か》きましょう。

① 石を 一つ二（　）と 数《かぞ》えた。

② 二（　）の はとが えさを 食《た》べて いる。

③ 本を 四（　）読《よ》んだ。

④ 子犬が 五（　）うまれた。

⑤ 子どもが 六（　）あそんで いる。

⑥ わたしの 家《いえ》は マンションの 七（　）です。

⑦ 画用紙《がようし》を　八（　　　）ください。

⑧ なわとびを　九（　　　）とんだ。

⑨ テストは　おしくも　九十（　　　）だった。

⑩ ぼくの　体《たい》じゅうは　二十（　　　）グラムです。

⑪ 家が　五（　　　）ならんで　たって　いる。

⑫ 自《じ》どう車《しゃ》が　三（　　　）とまって　いる。

⑬ ふく引《び》きで　一（　　　）しょうを　あてた　人。

数える　ことば　②

名まえ

月　日

1 つぎの　ものを　数《かぞ》える　ときは　どんな　ことばで　数えますか。（　）に書《か》きましょう。

① 自《じ》どう車《しゃ》 ―（　　）

② ノート ―（　　）

③ くつ下 ―（　　）

④ えんぴつ ―（　　）

⑤ お金 ―（　　）

⑥ ふく ―（　　）

⑦ ハンカチ ―（　　）

⑧ 年れい ―（　　）

⑨ 時《じ》間《かん》 ―（　　）（　　）（　　）

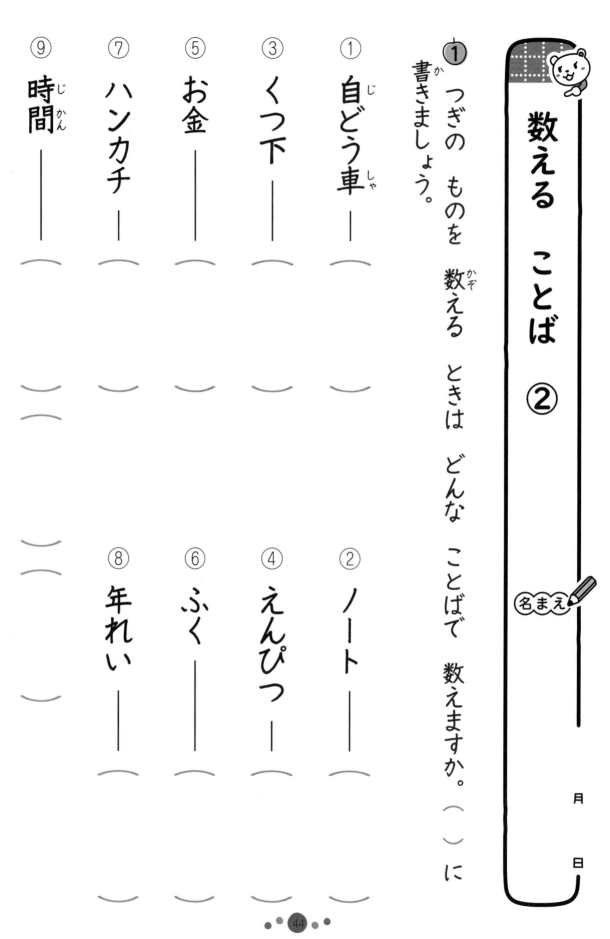

⑩ おんど ——（　　　　）

② つぎの 数字《すうじ》を かん字で 書きましょう。

1 ——（　　　　）

2 ——（　　　　）

3 ——（　　　　）

4 ——（　　　　）

5 ——（　　　　）

6 ——（　　　　）

7 ——（　　　　）

8 ——（　　　　）

9 ——（　　　　）

10 ——（　　　　）

100 ——（　　　　）

1000 ——（　　　　）

10000 ——（　　　　）

なかまの　ことば

名まえ

月　日

1 □の　ことばを　春《はる》、夏《なつ》、秋《あき》、冬《ふゆ》に　分《わ》けましょう。

春

夏

秋

冬

赤とんぼ　雪《ゆき》だるま　さくら　すいか　コスモス　マフラー
タンポポ　かぶと虫　もみじ　こたつ　プール　モンシロチョウ

2 つぎの　ことばは、何《なん》の　なかまか　書《か》きましょう。

〈れい〉 天気 の　なかま（晴《は》れ・くもり・雨・雪《ゆき》）

① [ ] の　なかま（ピンク・黄《き》・青・白）

② [ ] の　なかま（でん車・ひこうき・車・ふね）

③ [ ] の　なかま（くま・キリン・しまうま・ぞう）

④ [ ] の　なかま（あさがお・きく・チューリップ・バラ）

ていねいな 言い方 ①

名まえ

月　日

ていねいな 言《い》い方《かた》

「花びんに 花が 生《い》けて ある。」
を ていねいな 言い方に なおすと、
「花びんに 花が 生けて あります。」
と なります。

つぎの 文を ていねいな 言い方に して 書《か》きましょう。

① お母《かあ》さんが 買《か》いものに 行《い》く。

② わたしは ピアノを ひく。

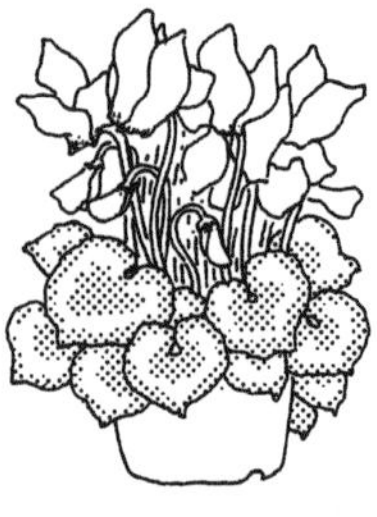

③ お姉《ねえ》さんが　あみものを　する。

④ 弟《おとうと》が　絵《え》を　かいて　いる。

⑤ 妹《いもうと》が　本を　読《よ》んで　いる。

⑥ お父《とう》さんが　新聞《しんぶん》を　読んだ。

⑦ テレビを　けした。

ていねいな 言い方 ②

名まえ

月　日

つぎの ていねいな 言《い》い方《かた》の 文を、ふつうの 言い方に して 書《か》きましょう。

① 鳥《とり》が 鳴《な》きます。

② 犬が ほえます。

③ 本を 読《よ》みます。

④ たこの 足は 八本 あります。

⑤ 学校は　毎日《まいにち》　楽《たの》しいです。

⑥ りょうりを　作《つく》りました。

⑦ ぼくは　けんばんハーモニカを　ふきました。

うごきを あらわす ことば ①

名まえ

月　日

1 つぎの 文の □の 中に うごきを あらわす ことばを 下から えらんで 書《か》きましょう。

① 友《とも》だちと □。

② いすに □。

③ 花が そよ風《かぜ》に □。

④ ガイドさんが バスに □。

⑤ 船《ふね》が □。

あそぶ
ゆれる
のる
うかぶ
すわる

かもめが とぶ。
魚《さかな》が およぐ。
母《はは》が わらう。

□の ことばは うごきを あらわす ことばです。

2 うごきを あらわす ことばを 五つ えらんで ○を つけましょう。

①（　）アイロン
②（　）ねる
③（　）大きい
④（　）のんきな
⑤（　）おこる
⑥（　）すすむ
⑦（　）黒《くろ》い
⑧（　）やさしい
⑨（　）食《た》べる
⑩（　）走《はし》る

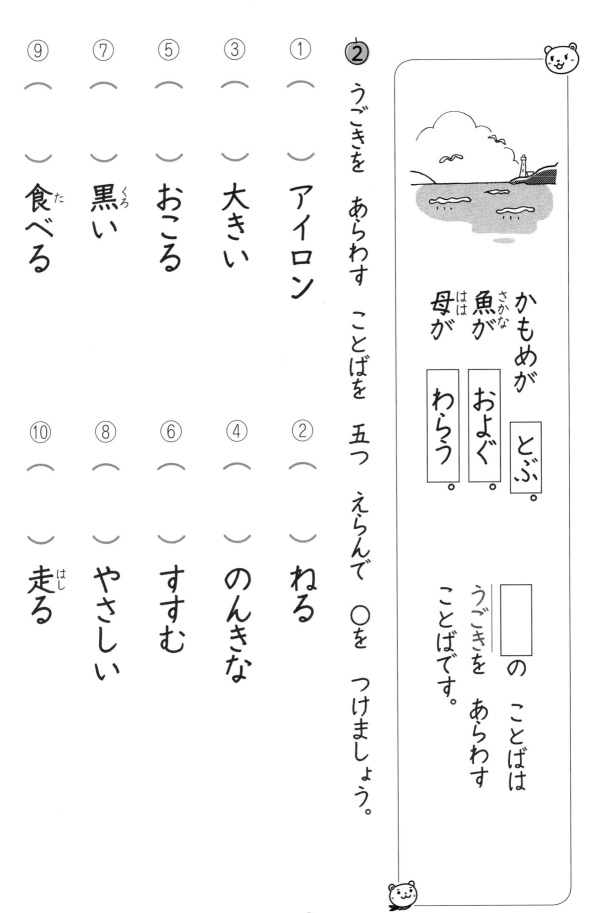

うごきを あらわす ことば ②

名まえ

月　日

1 文に あうように、 うごきを あらわす ことばを かえましょう。

〈れい〉 石が 当《あ》たる。 ↔ 石を 当てる。

① 本が おちる。 → 本を ＿＿＿。

② 人が あつまる。 → 人を ＿＿＿。

③ 火が きえる。 → 火を ＿＿＿。

④ はりがねが まがる。 → はりがねを ＿＿＿。

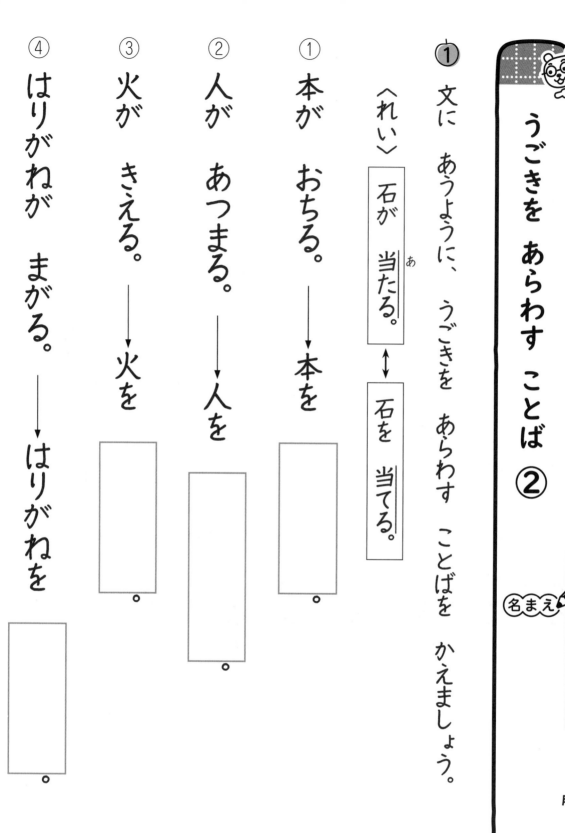

② 文に あうように、 うごきを あらわす ことばを かえましょう。

① 家《いえ》を たてる。 → 家が □。

② 水を ながす。 → 水が □。

③ こおりを とかす。 → こおりが □。

④ ガラスを わる。 → ガラスが □。

⑤ 紙《かみ》を もやす。 → 紙が □。

ファイト！

ようすを あらわす ことば ①

名まえ

月　日

□に あてはまる ことばを □から えらんで 書《か》きましょう。

① 夏《なつ》は □。

② 冬《ふゆ》は □ 日が つづく。

③ この カステラは □。

④ ゆめが かなって □。

やわらかい
うれしい
少《すく》ない
多《おお》い
すずしい
さむい
さびしい
あたたかい
高《たか》い
あつい

⑤ せんぷうきを　つける　と □。

⑥ 手ぶくろを　つけると □。

⑦ 人通《ひとどお》りの □ 道《みち》は　こわい。

⑧ ふじの　山は　日本で　一番《いちばん》 □。

⑨ ひとりぼっちは □。

⑩ 玉入れは　数《かず》の □ 方《ほう》が　かちだ。

電気《でんき》を
つけると
明《あか》るい。
けすと
くらい。

明るい　とか
くらい　は
ようすを
あらわします。

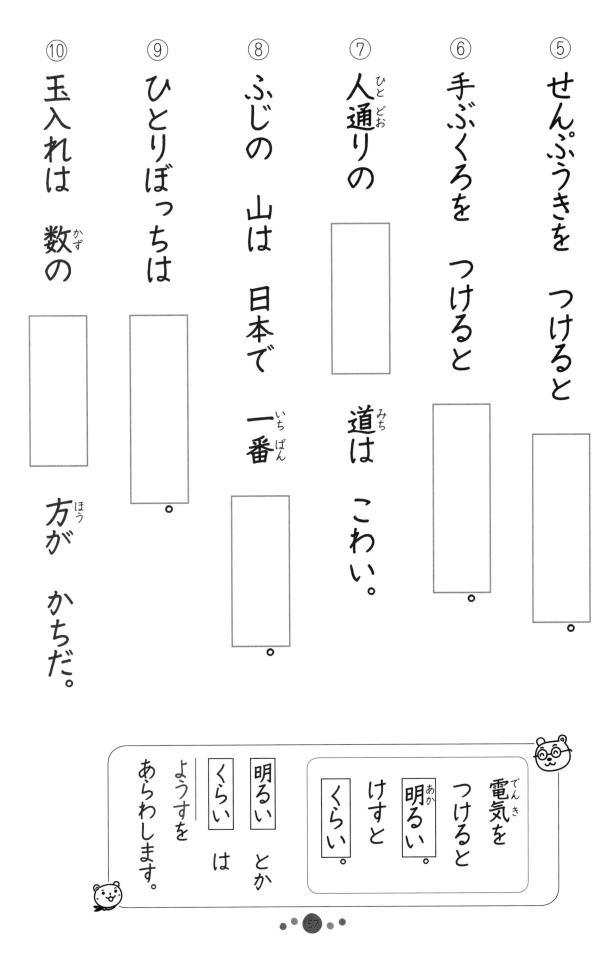

ようすを あらわす ことば ②

名まえ

月　日

□に あてはまる ことばを □から えらんで 書《か》きましょう。

① □ くらく なって いく。

② かげが □ ゆれて いる。

③ 心《しん》ぱいで □ しどおしだ。

④ □ あらって、きれいに なった。

はらはら
しとしと
ぺろぺろ
だんだん
ごしごし
すくすく
ゆらゆら
ぶらぶら
どしどし
ぐるぐる

⑤ 雨が ［　　　］ と ふって いる。

⑥ 子どもは ［　　　］ と そだった。

⑦ 毎日《まいにち》 ［　　　］ して いては もったいない。

⑧ 犬が 顔《かお》を ［　　　］ と なめた。

⑨ うでを ［　　　］ と 回《まわ》した。

⑩ ［　　　］ いけんを 言《い》いましょう。

> ふうせんが **ふわふわ** とんで いく。
>
> **ふわふわ** は とんでいく ようすを あらわします。

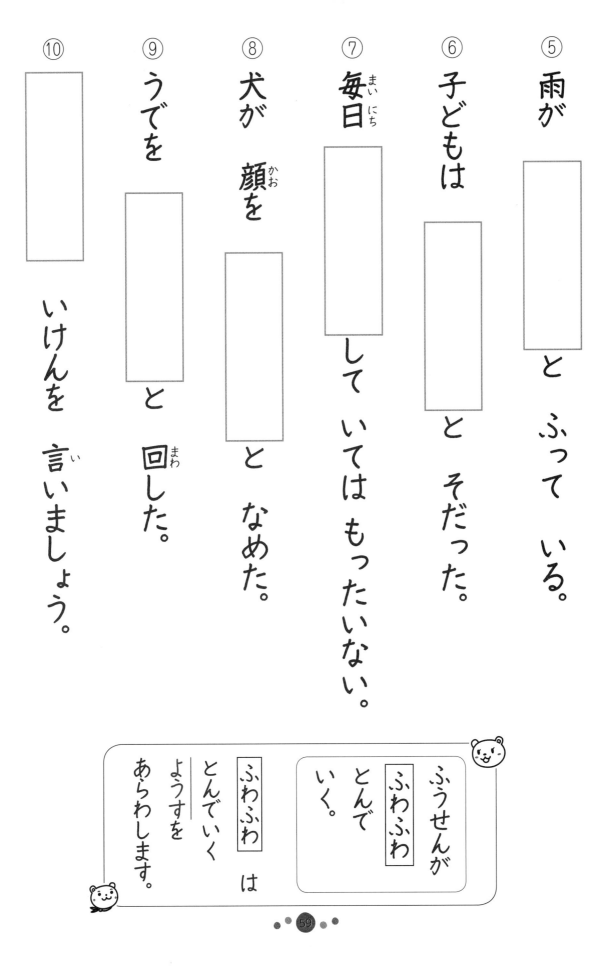

「」の つかい方

名まえ

月　日

つぎの 文しょうから、話《はな》しことばを 見つけて 「」を つけましょう。

学校に つくと、けい子さんが、

おはよう。

と、言《い》いました。

わたしも

おはよう。

と、言いました。

文しょうの 中の 話しことばには 「」（かぎかっこ）を つけます。

そこへ　先生が　通《とお》りかかって、
さゆりさんも　けい子さんも　早いね。
と、わらいながら　おっしゃいました。
わたしは、あわてて
おはようございます。
と、言いました。
　するとと、先生も、
おはよう。
と、おっしゃいました。

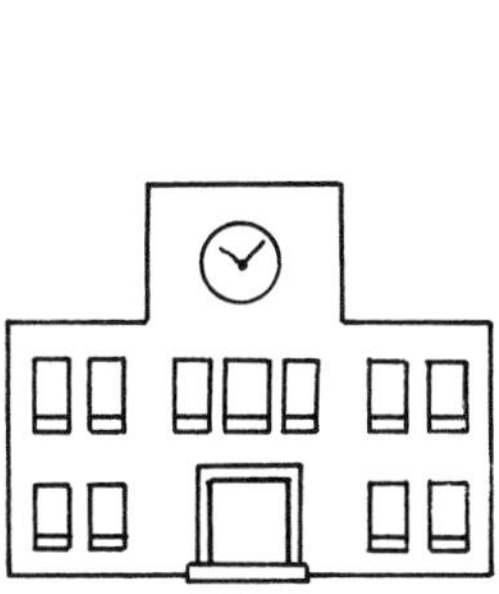

ことばの いみ ①

名まえ

月　日

つぎの ――の ことばの いみに あう ものに ○を つけましょう。

① 大男が 大きな 岩《いわ》を どけようと、ふんばって います。

ア（　）足に 力を 入れて
イ（　）つかれて
ウ（　）しぼんで

② つたえたい ことが あい手に きちんと つたわる ように 言《い》おう。

ア（　）いたわる
イ（　）とどく
ウ（　）よこたわる

③ まずしい　みなりの
ろう人が　いました。

ア（　）せいかく
イ（　）みぶり
ウ（　）ふくそう

④「あの　馬《うま》の　のり手は
だれですか。」

ア（　）のりの　ついた　手
イ（　）のって　いる　人
ウ（　）のりと　手

⑤ じっさいに　おもちゃを
作《つく》って　みましょう。

ア（　）ためしに
イ（　）本当《ほんとう》に
ウ（　）このさい

ことばの　いみ　②

月　日

名まえ

つぎの　――の　ことばの　いみに　あう　ものに　○を　つけましょう。

①　つまらなそうな　顔《かお》を　して　言《い》いました。

ア（　）楽《たの》しそうな
イ（　）かなしそうな
ウ（　）おもしろく　なさそうな

②　れいだいを　といてから　れんしゅうもんだいも　とこう。

ア（　）ふみだい
イ（　）しゅくだい
ウ（　）見本に　なる　もんだい

③ かいぶつは　したなめずりを　して　じろりじろり　見下ろした。

ア（　）したで　くちびるを　なめて
イ（　）したの　ほうに　目を　やって
ウ（　）したを　めずらしそうに

④ 男は　しぶしぶ　ぼうしを　ぬいで、名前《なまえ》の　ところを　見せました。

ア（　）しぶくて　こまって
イ（　）いやいや
ウ（　）どうでも　よさそうに

⑤ 下あごの　するどい　はで、がつがつと　かじって　います。

ア（　）先の　とがった
イ（　）まるい
ウ（　）すごい

ことばの　いみ　③

名まえ

月　日

つぎの　ことばを　つかって　みじかい文（たん文）を　作《つく》りましょう。

① つけくわえる

〈れい〉　きみの　アイデアに　ぼくのも　つけくわえよう。

② つらぬく

③ たちまち

④ 大にぎわい

⑤ せき止《と》める

文の 切れ目 ①

名まえ

月　日

①お父《とう》さんは／②毎日《まいにち》／③かばんを／④もって／⑤しごとに／⑥行《い》きます。

右の 文は、六つの ぶ分《ぶん》から できて います。「ね」を 入れて、読《よ》んで みて おかしく ない ところで 分《わ》けて みましょう。

「お父さんはね 毎日ね かばんをね もってね しごとにね 行きます。」

このように 文は いくつかの ぶ分から できて います。

つぎの 文を くぎると いくつに 分けられますか。／で くぎり、□に 数《かず》を 書《か》きましょう。

(1) お母《かあ》さんは、朝《あさ》せんたくをします。

□

②　ハイジは、お昼《ひる》ねをしました。

③　チロは草の間《あいだ》にかわいい赤い花を見つけました。

④　朝になると、小鳥《ことり》たちはたくさんあつまってきます。

⑤　口ぶえをふくと、ぼうしをかぶったたかしさんがあらわれました。

文の 切れ目 ②

名まえ

月　日

つぎの □ の ことばを ならびかえて 一つの 文に しましょう。

①

のせて　おきゃくさんを　走《はし》ります。　バスは

②

うめの　さきます。　二月に　うすピンク色《いろ》の
花が　なると、

③

心《こころ》を　せわを　ケンが　そだちました。
子犬は　すくすくと　こめて　した

④

小さな　あつまりなのです。　花のように
一つの　花の　見えるのは、

文の形 ①

名まえ
月　日

文には　つぎのような　形《かたち》が　あります。

ア　わたしは　学校へ　行《い》きます。（ふつうの文）

イ　あなたは　学校へ　行きますか。（人にたずねる文）

ウ　あなたは　学校へ　行きなさい。（めいれいする文）
　　わたしと　いっしょに　学校へ　行きましょう。（さそう文）
　　（はたらきかける文）

エ　わたしは　学校へは　行きません。（うちけす文）

オ　わあーい　ぼくが　一番《いちばん》のりだ。（かんどうをあらわす文）

● つぎの　文は　どんな　形の　文ですか。右の　ア〜オから　えらび、□に　記《き》ごうを　書《か》きましょう。

①この　本は　むずかしそうなので　読《よ》みません。

②お母《かあ》さんは　買《か》いものに　行きました。

③きみ、年は　いくつなの。

④さっさと　おきなさい。

⑤おお、これこそ　わたしの　さがして　いた　ものだ。

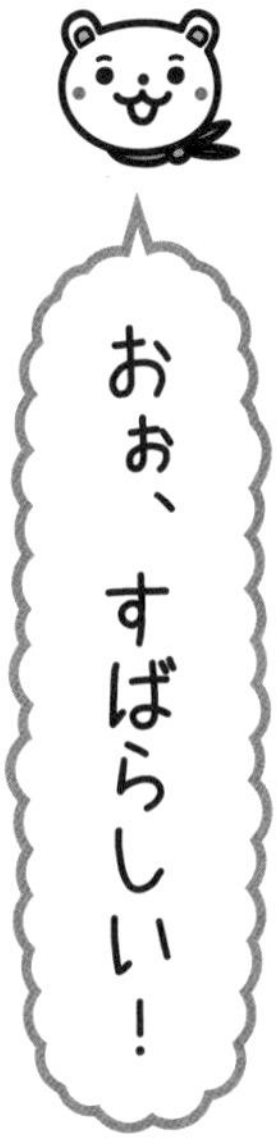

文の形②

名まえ

月　日

1 つぎの　文を　人に　たずねる文に　して　書《か》きましょう。

① さゆりさんは　九時《くじ》に　ねました。

② 風《かぜ》が　ふいて　います。

2 つぎの 人に たずねる文を ふつうの文に して 書きましょう。

① 家《いえ》から スーパーまでは 遠《とお》いですか。

② お父《とう》さんは、いつも 家で 夕食《ゆうしょく》を 食《た》べますか。

3 つぎの 文を めいれいする文に して 書きましょう。

しゅくだいを します。

文の形 ③

名まえ

月　日

❶ つぎの　めいれいする文を　ふつうの文に　して　書《か》きましょう。

① へやを　あたたかく　しなさい。

② 早く　おきなさい。

2 つぎの　文を　さそう文に　して　書きましょう。

① てつぼうの　れんしゅうを　します。

② 夏休《なつやす》みに　海《うみ》へ　行《い》きます。

3 つぎの　さそう文を　ふつうの文に　して　書きましょう。

みんなで　あそびに　行きましょう。

文の形 ④

名まえ

月　日

〈れい〉

お母《かあ》さんは　ピアノを　ひく。

ふつうの文

↓

お母さんは　ピアノを　ひかない。

うちけす文

1 つぎの　文を　うちけす文に　して　書《か》きましょう。

① 風《かぜ》が　ふく。

② 妹《いもうと》は　公園《こうえん》で　あそぶ。

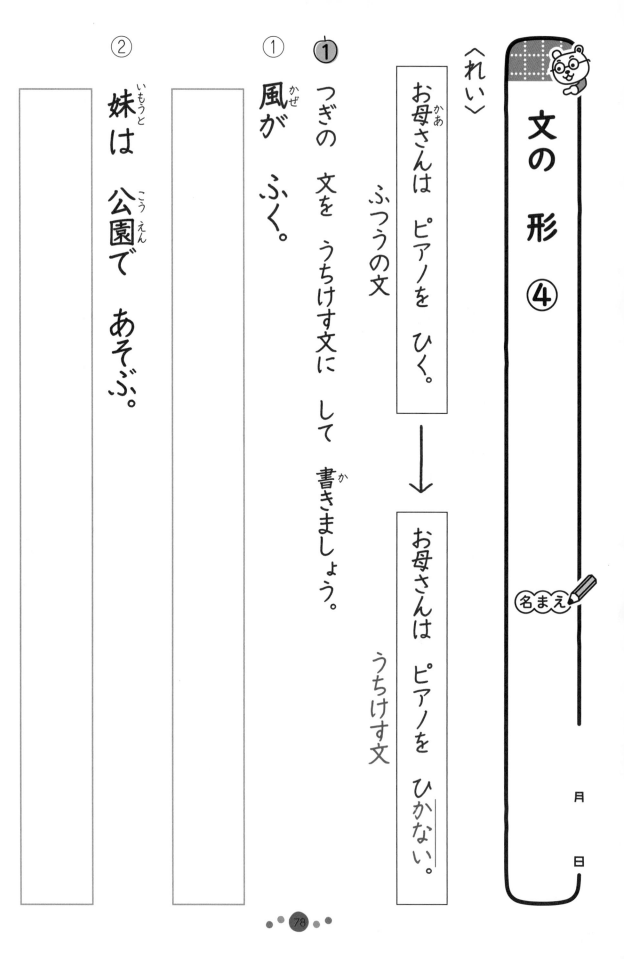

2 つぎの　うちけす文を　ふつうの文に　して　書きましょう。

① ぼくは、バスていへ　行《い》きません。

② 妹《いもうと》は　手《て》紙《がみ》を　読《よ》みません。

③ ぼくは　ぼうしを　かぶらない。

しゅご・じゅつご ①

名まえ

月　日

しゅご

（だれが）
子どもが　べんきょうする。

（何《なに》が）
シクラメンが　さいた。

おじいさんは　やさしい。

たこは　生きものです。

文の　中で、だれが　だれは　何が　何は　に　あたる　ことばを　しゅごと　いいます。

つぎの　文の　しゅごに　線《せん》を　引《ひ》きましょう。

① おすもうさんは　強《つよ》い。

② 姉《ねえ》さんは　バスガイドです。

③ 子どもたちが　ボールで　あそんで　いる。

④ 自《じ》てん車《しゃ》が　遠《とお》くまで　走《はし》って　いく。

⑤ 海《うみ》の　上を　カモメが　すいすい　とんで　いる。

ファイト！

しゅご・じゅつご ②

名まえ

月　日

じゅつご

すずめが　電線《でんせん》に　（どうする）とまっている。

ポストは　（どんなだ）赤い。

りんごは　（何《なん》だ）くだものだ。

文の　中で、どうする　どんなだ　何だ　に　あたる　ことばを　じゅつごと　いいます。

つぎの 文の じゅつごに 線《せん》を 引《ひ》きましょう。

① 犬が ほえた。

② 兄《にい》さんは 大学生です。

③ 冬《ふゆ》の びわこも うつくしい。

④ にわとりが たまごを うんだ。

⑤ ぼくの 弟《おとうと》は 計算《けいさん》が はやい。

しゅご・じゅつご ③

名まえ

月　日

1 つぎの □ に あてはまる しゅごを □ から えらんで 書《か》きましょう。

① □ おにたいじに 行《い》きました。

② なのはなばたけで □ とんで います。

③ 春《はる》に なると □ たくさん さきます。

④ 竹の 中には □ いました。

小さな 女の子が　花が　ももたろうが　モンシロチョウが

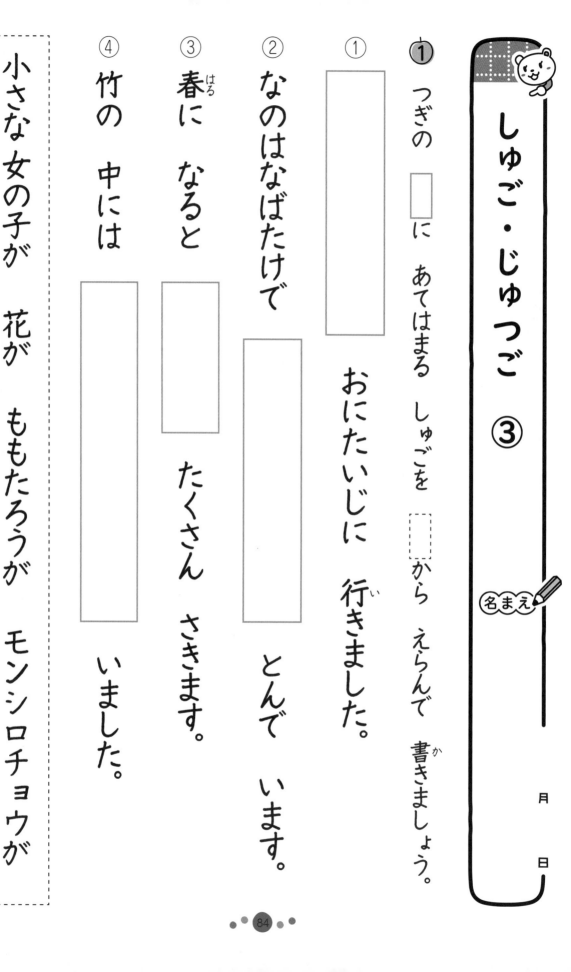

② つぎの□に あてはまる じゅつごを □から えらんで 書きましょう。

① 遠《えん》足《そく》に 行くのは □。

② ぞうが のっしのっしと □。

③ きゅう食《しょく》は □。

④ 野《の》原《はら》で 牛《うし》が 草を □。

⑤ 雨が ぽつぽつと □。

おいしい	楽《たの》しみだ	ふってきた	歩《ある》く	食《た》べる

その ちょうし！

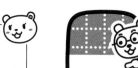

くわしく する ことば

名まえ

月　日

くわしく する ことば

ぼくたちの → 先生は（しゅご）

とても → おもしろい。（じゅつご）

白い → 犬が（しゅご）

まっしぐらに → 走《はし》った。（じゅつご）

文の 中の ぼくたちの とても 白い まっしぐらに などの ことばは、しゅごや じゅつごを くわしく する ことば です。

つぎの□の　ことばを　くわしく　する　ことばに　線《せん》を　引《ひ》きましょう。

①　小さな　女の子が　歩《ある》いて　くる。

②　すずしい　風《かぜ》が　そよそよと　ふいて　きた。

③　きょう　ショートケーキが　あっという間《ま》に　売《う》り切《き》れた。

④　まっ白な　とうふは　とても　おいしい。

くわしい　文

名まえ

月　日

くわしい　文には、（　）のような　ことばが　あります。

（いつ）きのう　（どこで）体《たい》いくかんで　（だれが）友《とも》だちが　（何《なに》を）さかだちを　（どうした）見せてくれた。

（いつ）ある日　（どこで）あなの中で　（何が）うさぎが　（何を）目を　（どうした）さました。

つぎの　――を　引《ひ》いた　ことばは、１いつ、２どこで、３何を　の　どれですか。（　）に　番《ばん》ごうを　書《か》きましょう。

①　こいのぼりが　空で（　）　およいで　いる。

②（　　）
朝《あさ》　ぼくは　新聞《しんぶん》を　とって　くる。

③
金魚《きんぎょ》が　水そうで（　　）　あばれだした。

④（　　）
夕方《ゆうがた》　すいはんきで　ごはんを　たきなさい。

⑤
パトカーが　夜中《よなか》に（　　）　サイレンを（　　）　ならして　走《はし》って　いった。

すぎさった形の文

名まえ

月　日

〈れい〉

ふつうの文
りすが　走《はし》る。

↓

すぎさった形《かたち》の文
りすが　走った。

1 つぎの　文を　すぎさった形の文に　して　書《か》きましょう。

① サンタクロースが　プレゼントを　くばる。

② ぼくは、お手つだいを　する。

2 つぎの　すぎさった形の文を　ふつうの文に　して　書きましょう。

①　かもめが　ゆっくりと　とんで　いった。

②　トムは、年を　とった　おじいさんと　ふたりで　くらして　いました。

こそあどことば ①

名まえ

月　日

話《はな》し手《て》に　近《ちか》い　ものを　さす。

「これ」

聞《き》き手《て》に　近い　ものを　さす。

「それ」

つぎの □ に　あてはまる　ことばを　上から　えらんで　書《か》きましょう。

① ねこを　だいて　言《い》いました。
「□ は　わたしの　ねこです。」

② あなたの　前《まえ》に　ある、□ は　何《なん》ですか。

話し手・聞き手どちらにも遠《とお》い　ものを　さす。

「あれ」

話し手に　わからない　ものを　さす。

「どれ」

③遠くに　見える　[　　　]が　わたしの　通《かよ》う　学校です。

④この　中の　[　　　]が　きみの　もの　か　わかりません。

⑤おおかみが　むこうから　近づいて　きました。[　　　]を　見て　いた　ひつじは、びっくり　しました。

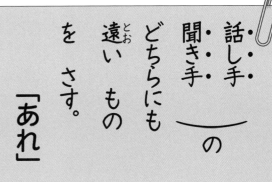

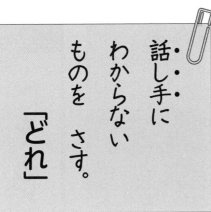

こそあどことば ②

名まえ

月　日

話《はな》し手《て》に　近《ちか》い　ばしょを　さす。

「ここ」

聞《き》き手《て》に　近い　ばしょを　さす。

「そこ」

つぎの □ に　あてはまる　ことばを　上から　えらんで　書《か》きましょう。

① やっと、げんかんに　たどりつきました。□ が、山田くんの　うちです。

② きみは □ から　来《き》たのですか。

③ まいごの　子ねこは □ に　行《い》って　しまったのだろう。

話し手・聞き手（　　）の
どちらからも
遠《とお》い　ばしょ
を　さす。
「あそこ」

話し手に
わからない
ばしょを　さす。
「どこ」

---

④ 山の　上を　見て　ください。
［　　］に　たって　いる　お寺《てら》に
行きたいのです。

⑤ あなたが　今《いま》　つかって　いる　つくえ
の　上、［　　］に　はさみが　ありま
すよ。

つなぎことば ①

名まえ

月　日

つぎの □ に あてはまる ことばを □ から えらんで 書《か》きましょう。

① 今夜《こんや》は 星《ほし》が きれいです。

□

明日《あす》は、きっと よい 天気でしょう。

② くつやへ 行《い》った。

□

パンやへも 行った。

③ 山へ 行こうか。

□

海《うみ》へ 行こうか。

④ ねむい。□ がんばって おきて いよう。

⑤ 早めに 学校へ 行った。□ むこうから
けい子さんが やって きた。

すると　でも　だから
それから　それとも

つなぎことば ②

名まえ　　　月　　日

つぎの 文の つなぎことばで 正しい 方《ほう》を ○で かこみましょう。

① 明日《あす》は 晴《は》れでしょうか。
{そこで／それとも} くもりでしょうか。

② 大声《おおごえ》で 人を よびました。
{ところが／すると} だれも ふりむきません。

③ 子どもは　ころんで　しまいました。

｛だから／けれども｝　なきませんでした。

④ おばあさんは　年よりです。

｛それで／しかし｝　なかなか　元《げん》気《き》です。

⑤ 今《いま》、お金を　ためて　います。

｛さて／すると｝　どれくらい　たまるでしょうか。

「だれ」が

名まえ

月　日

つぎの 文を 読《よ》んで （　）に あう ことばを 書《か》きましょう。

(1)

けい子さんが えんぴつで 書きました。

「だれ」が えんぴつで 書きましたか。

（　　　　）が 書きました。

(2)

お母《かあ》さんが、カレーを 作《つく》ります。わたしは おつかいを たのまれました。

① 「だれ」が カレーを 作りますか。

（　　　　）が 作ります。

② 「だれ」が おつかいを たのまれましたか。

（　　　　）が おつかいを たのまれました。

(3)

妹《いもうと》が　ころびました。ぼくは
いそいで　たすけおこしました。
「けがが　なくて　よかったね。」
と　友《とも》だちが　言《い》いました。

① ころんだのは「だれ」ですか。
（　　　　）です。

② たすけおこしたのは「だれ」ですか。
（　　　　）です。

③「けがが　なくて　よかったね。」と
言ったのは「だれ」ですか。
（　　　　）です。

(4)

学校から　帰《かえ》って、たかしさ
んは　ひろとさんを　あそびに
さそいました。そこへ　だいち
さんが　通《とお》りかかったので　さ
そって　三人で　あそびました。

あそんだ　三人は「だれ」と「だれ」と
「だれ」ですか。
（　　　　）と
（　　　　）と
（　　　　）です。

「何」が

名まえ

月　日

つぎの　文を　読《よ》んで（　）に　あう　ことばを　書《か》きましょう。

(1)

花が　さいて　います。
つぼみも　ふくらんで　きて
います。

①「何《なに》」が　さいて　いますか。
（　　　　）が　さいて　います。

②「何」が　ふくらんで　きて　いますか。
（　　　　）が　ふくらんで　きて
います。

(2)

家《いえ》の　前《まえ》に、自《じ》てん車《しゃ》が　と
まって　いました。中に　入ると
にもつが　おいて　ありました。

①家の　前に　とまって　いたのは
（　　　　）です。

②中に　入ると　おいて　あったのは
（　　　　）です。

(3)

ポケットから　お金が　ころがりおちました。風《かぜ》が　ふいて、雨も　ふって　きました。

① ポケットから　ころがりおちたのは、（　　　　）です。

② ふいて　きたのは（　　　　）です。

③ ふって　きたのは（　　　　）です。

(4)

おいしそうな　おかしが　あります。よく　見ると　となりに　お茶《ちゃ》も　用《よう》いされて　いました。

① おいしそうなのは「何」ですか。

（　　　　）です。

② となりに　用いされて　いたのは何ですか。

（　　　　）です。

「どうする」「どうした」

名まえ

月　日

つぎの 文を 読《よ》んで （　）に あう ことばを 書《か》きましょう。

(1)

ゆなさんは、パンを 食《た》べました。

ゆなさんは「どうしました」か。

ゆなさんは、パンを（　　　）。

(2)

りょうさんは、今《いま》から 歌《うた》を 歌います。

りょうさんは「どうします」か。

りょうさんは、歌を（　　　）。

(3)

みきさんは、さいふから　百円玉を　とり出しました。

(4)

きのう、おじいちゃんが、あそびに　来《き》ました。ぼくは、おじいちゃんと　いっしょに　おふろに　入りました。そして　おじいちゃんの　せなかを　ながしました。

みきさんは　さいふから　百円玉を
「どうしました」か。
百円玉を（　　　　）。

① きのう、おじいちゃんが、「どうしました」か。
あそびに（　　　　）。

② ぼくは、おじいちゃんと　いっしょに
「どうしました」か。
おふろに（　　　　）。

③ そして、おじいちゃんの　せなかを
「どうしました」か。
せなかを（　　　　）。

「いつ」

名まえ

月　日

つぎの 文を 読《よ》んで （　） に あう ことばを 書《か》きましょう。

(1)

あす ななさんは、遠足《えんそく》に 行《い》きます。

「いつ」 ななさんは、遠足に 行きますか。

（　　）ななさんは、遠足に 行きます。

(2)

朝《あさ》、雨が ふって きました。

「いつ」、雨が ふって きましたか。

（　　）、ふって きました。

(3)

きのうは、くもりでした。きょうは、よい 天気に なりました。

① くもりだったのは（　　）です。

② よい 天気に なったのは（　　）です。

(4)

昼休《ひるやす》みに、グラウンドで ドッジボールを した。ほうかご、中にわで こま回《まわ》しを した。

(5)

五才《ごさい》の とき、自《じ》てん車《しゃ》に のれるように なった。

(6)

ゴールを きめた とき、ぼくは ガッツポーズを しました。

① グラウンドで ドッジボールを したのは

（　　　　）です。

② 中にわで こま回《まわ》しを したのは、

（　　　　）です。

自てん車に のれるように なったのは「いつ」ですか。

（　　　　のとき）。

ガッツポーズを したのは、「いつ」ですか。

（　　　　とき）。

「どこ」で

名まえ

月　日

● つぎの　文を　読《よ》んで（　）に　あう　ことばを　書《か》きましょう。

(1)

ぼくは、友《とも》だちと　学校で
あそびました。

ぼくは、「どこ」で　あそびましたか。

（　　　）で　あそびました。

(2)

お母《かあ》さんが、台《だい》どころで、夕
ごはんの　用《よう》いを　して　いる。

お母さんは、「どこ」で　夕ごはんの
用いを　していますか。

（　　　）で　夕ごはんの　用い
を　して　います。

(3)

とても　あつい　日だった。
わたしは　プールで　およいだ。

わたしが　およいだ　ところは

（　　　）です。

(4)

朝《あさ》ごはんの　前《まえ》に、　ポチを
つれて　海《うみ》へ　さん歩《ぽ》に　行《い》った。

朝ごはんの　前に、　ポチを　つれて
さんぽに　行ったのは「どこ」ですか。
（　　　）です。

(5)

かくれんぼを　しました。
みちるさんは、　草原《くさはら》に　かく
れました。　ゆみさんは、　木の
かげに　かくれました。　ゆたか
さんは、　木の　上に　かくれま
した。　はるとさんは、　ゆうぐに
かくれました。　あやさんは、　つ
き山の　トンネルに　かくれま
した。

かくれんぼで　五人が　かくれたのは
「どこ」ですか。
みちるさん…（　　　）
ゆみさん……（　　　）
ゆたかさん…（　　　）
はるとさん…（　　　）
あやさん……（　　　）

「何」を

名まえ

月　日

つぎの　文を　読《よ》んで（　）に　あう　ことばを　書《か》きましょう。

(1)

はるなさんが、りんごの　かわを　むきました。

はるなさんは「何《なに》」を　むきましたか。

（　　）を　むきました。

(2)

あきらさんが、だんごむしを　見つけました。さわると　からだを　まるめました。

① あきらさんは「何」を　見つけましたか。

（　　）を　見つけました。

② さわると「何」を　まるめましたか。

（　　）を　まるめました。

(3)

とても さむい 日です。よう子さんは 手ぶくろと マフラーを して うちを 出ました。

(4)

ぼくは おつかいに 行《い》った。やおやで ほうれん草と 白さいを 買《か》って、とうふやで とうふと あつあげを 買った。

よう子さんは「何」と「何」を して うちを 出ましたか。

（　　）と（　　）を して うちを 出ました。

ぼくは、おつかいで「何」と「何」を 買いましたか。

① やおやで（　　）と（　　）を 買った。

② とうふやで（　　）と（　　）を 買った。

「〜から。」「〜こと。」

名まえ

月　日

「なぜですか。」、「どうして〜ですか。」など、りゆうを たずねられた ときは、「〜から。」と 答《こた》えます。（同《おな》じような 答《こた》え方《かた》で「〜ため。」も あります。）

1 つぎの 文を 読《よ》んで もんだいに 答えましょう。

(1)

のどが かわいたから、ぼく
は ジュースを のみました。

「なぜ」ジュースを のんだのですか。

（　　　　から。）

(2)

わたしは かんごしに なり
たいです。なぜなら、人の い
のちを すくいたいからです。

「なぜ」かんごしに なりたいのですか。

（　　　　から。）

「どんな ことですか。」、「〜ことは 何《なん》ですか。」などのように、ことがらを たずねられた ときは、「〜こと。」と 答えます。

2 つぎの 文を 読んで もんだいに 答えましょう。

(1)

さとしさんは、犬に エサを やる ことを まかされて い ます。

さとしさんが まかされて いる ことは 何ですか。

（　　　　こと。）

(2)

友《とも》だちと 毎日《まいにち》 会《あ》える こ とは、しあわせな ことだと 思《おも》います。

しあわせだと 思う ことは、どんな こと ですか。

（　　　　こと。）

「どんな」ようす・きもち

名まえ

月　日

つぎの 詩《し》を 読《よ》んで もんだいに 答《こた》えましょう。

大きな古《ふる》時計《どけい》

大きな のっぽの 古時計
おじいさんの 時計《とけい》
百年 いつも うごいていた
ごじまんの 時計さ
おじいさんの 生まれた
朝《あさ》に 買《か》ってきた 時計さ

① おじいさんの 時計は、「どんな」古時計ですか。

（　　　　）な（　　　　）の 古時計

② 百年 いつも うごいて いた「どんな」時計ですか。

（　　　　）の 時計

郵　便　は　が　き

料金受取人払郵便

大阪北局
承　認
246

差出有効期間
2024年５月31日まで
※切手を貼らずに
お出しください。

５３０-８７９０

１５６

大阪市北区曽根崎２－11－16
梅田セントラルビル

清風堂書店
愛読者係　行

愛読者カード　ご購入ありがとうございます。

フリガナ お名前		性別	男　・　女
		年齢	歳
TEL FAX	(　　)	ご職業	
ご住所	〒　　―		
E-mail	@		

ご記入いただいた個人情報は、当社の出版の参考にのみ活用させていただきます。
第三者には一切開示いたしません。

□学力がアップする教材満載のカタログ送付を希望します。

●ご購入書籍・プリント名

●ご購入店舗・サイト名等（　　　　　　　　　　　　　　　　　　）

●ご購入の決め手は何ですか？（あてはまる数字に○をつけてください。）

1．表紙・タイトル　　2．中身　　3．価格　　4．SNSやHP

5．知人の紹介　　6．その他（　　　　　　　　　　　　）

●本書の内容にはご満足いただけたでしょうか？（あてはまる数字に○をつけてください。）

たいへん満足　5　4　3　2　1　不満

●本書の良かったところや改善してほしいところを教えてください。

●ご意見・ご感想、本書の内容に関してのご質問、また今後欲しい商品のアイデアがありましたら下欄にご記入ください。

ご協力ありがとうございました。

★ご感想を小社HP等で匿名でご紹介させていただく場合もございます。　□可　□不可

★おハガキをいただいた方の中から抽選で10名様に2,000円分の図書カードをプレゼント！
当選の発表は、賞品の発送をもってかえさせていただきます。

今《いま》は　もう　うごかない
その　時計
百年　休まずに
チクタク　チクタク
おじいさんと　いっしょに
チクタク　チクタク
今は　もう　うごかない
その　時計

ウォーク・ヘンリー・クレイ　作詩・作曲
保富　庚午　訳詩

③　今は　もう「どんな」その　時計ですか。
今は　もう（　　　）
その　時計

④　時計は「どんな」音が　しましたか。
（　　　）

だれ いつ どこ 何 どんな

名まえ

月　日

つぎの 詩《し》を 読《よ》んで もんだいに 答《こた》えましょう。

となりの トトロ

だれかが こっそり
こみちに このみ うずめて
ちっさな め はえたら
ひみつの あんごう
もりへの パスポート
すてきな ぼうけん はじまる

① 「だれ」が このみを うずめましたか。
（　　　）

② 「どんな」ふうに うずめましたか。
（　　　）

③ 「どこ」に このみを うずめましたか。
（　　　）

④ 「何《なに》」が はえたら ひみつの あんごうですか。
（　　　）

となりの　トトロ　トトロ
トトロ　トトロ
もりの　中に　むかしから
すんでる　となりの　トトロ
トトロ　トトロ　トトロ
こどもの　ときに　だけ
あなたに　おとずれる
ふしぎな　であい

宮崎 駿　作詩
久石 譲　作曲

⑤ ひみつの　あんごうは　もりへの「何」ですか。

（　　　　　　）

⑥「どんな」ぼうけんが　はじまるので　すか。

（　　　　　　）ぼうけん

⑦ となりの　トトロは「どこ」に　すんで　いますか。

（　　　　　　）

⑧「いつ」から　すんで　いますか。

（　　　　　　）から

⑨「どんな」であい　ですか。

（　　　　　　）であい

ものがたり文

ふきのとう ①

名まえ

月　日

つぎの　文を　読《よ》んで　もんだいに　答《こた》えましょう。

よが　あけました。
あさの　ひかりを　あびて、
竹やぶの　竹の　はっぱが、
「さむかったね。」
「うん、さむかったね。」
と　ささやいて　います。
雪《ゆき》が　まだ　すこし　のこって、
あたりは　しんと　して　います。
どこかで、小さな　こえが　しました。
「よいしょ、よいしょ。おもたいな。」
竹やぶの　そばの　ふきのとうです。

① 竹やぶの　竹の　はっぱは　何《なん》と　言って　ささやいて　いますか。

（　　　　）（　　　　）

② 小さな　こえは　何と　言いましたか。

（　　　　）

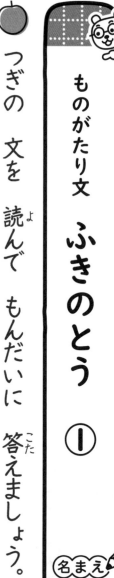

雪の　下に　あたまを　出して、
雪を　どけようと、ふんばって　い
る　ところです。
「よいしょ、よいしょ。そとが　見
たいな。」
「ごめんね。」
と、雪が　言《い》いました。
「わたしも、早く　とけて　水に
なり、とおくへ　いって　あそびた
いけど。」
と、上を　見上げます。
「竹やぶの　かげに　なって、お日
さまが　あたらない。」
と　ざんねんそうです。

（くどう　なおこ『こくご二上　たんぽぽ』光村図書）

③ ②は　だれの　こえですか。

（　　　　　　　　）

④ 〰〰を　言って　いるのは　だれですか。

（　　　　　　　　）

⑤ 雪は　どういう　ことが　ざんねんなのですか。

（　　　　　　　　こと。）

ものがたり文

ふきのとう ②

名まえ　　　月　日

つぎの 文を 読《よ》んで もんだいに 答《こた》えましょう。

「すまない。」
と、竹やぶが 言《い》いました。
「わたしたちも、ゆれて おどりたい。
ゆれて おどれば、雪《ゆき》に 日が
あたる。」
と、上を 見上げます。
「でも、はるかぜが まだ こない。
はるかぜが こないと、おどれな
い。」
と ざんねんそうです。
空の 上で、お日さまが わらいま

① 「すまない。」と 言ったのは だれですか。

（　　　）

② ①は、その あと、何《なん》と 言いました
か。

（　　　）

した。
「おや、はるかぜが　ねぼうして
いるな。
竹やぶも　雪も　ふきのとうも、
みんな　こまって　いるな。」
そこで、南《みなみ》を　むいて　言いました。
「おうい、はるかぜ。おきなさい。」
お日さまに　おこされて、
はるかぜは、大きな　あくび。
それから、せのびして　言いました。

（くどう　なおこ『こくご二上　たんぽぽ』光村図書）

③　①が、②の　あと　ざんねんそうに
言った　ことを　書《か》きましょう。

④　お日さまは　わらって、何と　言い
ましたか。

⑤　お日さまに　おこされたのは　だれ
ですか。

ものがたり文

ふきのとう ③

名まえ

月　日

つぎの　文を　読《よ》んで　もんだいに　答《こた》えましょう。

「や、お日さま。や、みんな。おまちどお。」

はるかぜは、むね　いっぱいに　いきを　すい、ふうっと　いきを　はきました。

はるかぜに　ふかれて、竹やぶが、ゆれる　ゆれる、おどる。

雪《ゆき》が、とける　とける、水に　なる。

ふきのとうが、ふんばる、せが　のびる。

ふかれて、

① はるかぜは　何《なん》と　言《い》いましたか。

（　　　　　　　　）

② すっかりは　言いかえると　どういう　ことですか。○を　つけましょう。

（　）半分《はんぶん》　ぐらい

（　）あたり　一めん　ぜんぶ

（　）ほんの　ちょっと

ゆれて、
とけて、
ふんばって、
——もっこり。
ふきのとうが、かおを　出しました。
「こんにちは。」

もう、すっかり　はるです。

（くどう なおこ『こくご二上 たんぽぽ』光村図書）

③ はるかぜに　ふかれて　それぞれ　どうなりましたか。

竹やぶは（　　）て
（　　）た。

雪は（　　）て
水に（　　）た。

ふきのとうは（　　）て
せが（　　）た。

ものがたり文　スイミー　①

名まえ

月　日

つぎの　文を　読《よ》んで　もんだいに　答《こた》えましょう。

広《ひろ》い　海《うみ》の　どこかに、小さな
魚《さかな》の　きょうだいたちが、たのしく
くらして　いた。
みんな　赤いのに、一ぴきだけは、
からす貝よりも　まっくろ。およぐ
のは、だれよりも　はやかった。
名前《なまえ》は　スイミー。
ある　日、おそろしい　まぐろが、

① ——に　ついて、一ぴきだけ　魚の
きょうだいたちと　ちがって　いた
のは　どんな　ところですか。二つ
書《か》きましょう。

（　　　）
（　　　）

② ——の　魚の　名前を　書きましょう。

（　　　）

おなかを　すかせて、すごい　はや
さで　ミサイルみたいに　つっこん
で　きた。
一口で、まぐろは、小さな　赤い
魚たちを、一ぴき　のこらず　のみ
こんだ。
にげたのは　スイミーだけ。
スイミーは　およいだ、くらい
海の　そこを。こわかった。さびし
かった。とても　かなしかった。

（レオ＝レオニ 作　たにかわ しゅんたろう 訳《やく》
『こくご二上 たんぽぽ』光村図書）

③ まぐろは、どのように　つっこんで
きましたか。

（　　　）を　すかせて

（　　　）はやさで

（　　　）みたいに

④ まぐろは　小さな　赤い　魚たちを
どうしましたか。

（　　　）

⑤ にげた　スイミーは　どこを　およ
ぎましたか。

（　　　）

ものがたり文　スイミー　②

名まえ

月　日

つぎの　文を　読《よ》んで　もんだいに　答《こた》えましょう。

けれど、海《うみ》には、すばらしい　ものが　いっぱい　あった。おもしろい　ものを　見る　たびに、スイミーは、だんだん　元気《げんき》を　とりもどした。

にじ色《いろ》の　ゼリーのような　くらげ。水中ブルドーザーみたいな　いせえび。

スイミーは　何《なに》を　見て　元気を　とりもどしましたか。

①
（　　　）のような
（　　　）

②
（　　　）みたいな
（　　　）

見た　ことも　ない　魚《さかな》たち。見えない　糸で　ひっぱられて　いる。ドロップみたいな　岩《いわ》から　生えて　いる、こんぶや　わかめの　林。うなぎ。かおを　見る　ころには、しっぽを　わすれているほど　長い。そして、風《かぜ》に　ゆれる　もも色の　やしの　木みたいな　いそぎんちゃく。

（レオ＝レオニ 作　たにかわ しゅんたろう 訳《やく》『こくご二上 たんぽぽ』光村図書）

③（　　）も　ない（　　）

④（　　）から　生えている（　　）

⑤（　　）

⑥（　　）みたいな（　　）

ものがたり文

スイミー ③

名まえ

月　日

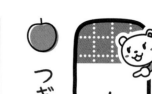

つぎの　文を　読《よ》んで　もんだいに　答《こた》えましょう。

　その　とき、岩《いわ》かげに　スイミーは　見つけた、スイミーのと　そっくりの、小さな　魚《さかな》の　きょうだいたちを。
　スイミーは　言《い》った。
「出て　こいよ。みんなで　あそぼう。おもしろい　ものが　いっぱいだよ。」

① 岩かげで　スイミーが　見つけたのは　だれですか。

（　　　　）の（　　　　）のと（　　　　）

② スイミーは、①に、何《なん》と　言って　よびかけましたか。

（　　　　　　　　　　）

小さな　赤い　魚たちは、こたえた。

「だめだよ。大きな　魚に　たべられて　しまうよ。」

「だけど、いつまでも　そこに　じっと　して　いる　わけには　いかないよ。なんとか　かんがえなくちゃ。」

スイミーは　かんがえた。いろいろ　かんがえた。うんと　かんがえた。

（レオ＝レオニ　作　たにかわ しゅんたろう　訳《やく》
『こくご二上　たんぽぽ』光村図書）

③　②の　よびかけに、①は、何と　答えましたか。

④　③を　きいて、スイミーは　何と　言いましたか。

ものがたり文 スイミー ④

名まえ

月　日

つぎの　文を　読《よ》んで　もんだいに　答《こた》えましょう。

それから、とつぜん、スイミーは
さけんだ。
「そうだ。みんな　いっしょに　お
よぐんだ。海《うみ》で　いちばん　大き
な　魚《さかな》の　ふりを　して。」
スイミーは　教《おし》えた。けっして、
はなればなれに　ならない　こと。

① スイミーは、何《なん》と　さけびましたか。

② スイミーが　みんなに　教えた、二つ
の　ことを　書《か》きましょう。

こと。

こと。

みんな、もちばを　まもる　こと。

みんなが、一ぴきの　大きな　魚みたいに　およげるように　なったとき、スイミーは　言《い》った。

「ぼくが、目に　なろう。」

あさの　つめたい　水の　中を、ひるの　かがやく　光《ひかり》の　中を、みんなは　およぎ、大きな　魚を　おい出した。

（レオ＝レオニ 作　たにかわ しゅんたろう 訳《やく》
『こくご二上 たんぽぽ』光村図書）

③さいごに　スイミーは　何と　言いましたか。

④大きな　魚を　おい出した　スイミーに、あなたが　言って　あげたいことを　書きましょう。

ものがたり文

かさこじぞう ①

名まえ　　月　　日

つぎの 文を 読《よ》んで もんだいに 答《こた》えましょう。

むかしむかし、ある ところに、じいさまと ばあさまが ありましたと。
[ア] びんぼうで、その 日 その日を [イ] くらして おりました。
ある 年の 大みそか、じいさまは ためいきを ついて 言《い》いました。

「ああ、その へんまで お正月さんが ござらっしゃると いうに、もちこの 用《よう》いも できんのう。」

「ほんにのう。」

「何《なん》ぞ、売《う》る もんでも あれば ええがのう。」

① ア、イに あてはまる ことばを つぎの □から えらんで 書《か》きましょう。

ア

イ

やっと　だから
たいそう　ゆうゆうと

じいさまは、ざしきを　見回《みまわ》したけど、何にも　ありません。

「ほんに、何にも　ありゃせんのう。」

ばあさまは　土間《どま》の　方《ほう》を　見ました。

すると、夏《なつ》の　間《あいだ》に　かりとって　おいたすげが　つんで　ありました。

「じいさま　じいさま、かさこ　こさえて、町さ　売りに　行《い》ったら、もちこ　買《か》えんかのう。」

「おお　おお、それが　ええ。そう　しよう。」

そこで、じいさまと　ばあさまは　土間に下り、ざんざら　すげを　そろえました。そして、せっせと　すげがさを　あみました。


（いわさき　きょうこ『新しい国語　二下』東京書籍）

② 大みそかとは　いつの　ことですか。

（　　　　）

③ ばあさまが　土間で　見つけた　ものは　何ですか。

（　　　　）に　かりとって　おいた（　　　　）

④ ③で　見つかった　ものを　あんで　何《なに》を　つくりましたか。

（　　　　）

ものがたり文

かさこじぞう ②

名まえ

月　日

つぎの 文を 読《よ》んで もんだいに 答《こた》えましょう。

かさが 五つ できると、じいさまは それを しょって、
「帰《かえ》りには、もちこ 買《か》って くるで。にんじん、ごんぼも しょって くるでのう。」
と 言《い》うて、出かけました。
町には 大年《おおどし》の市《いち》が 立って いて、正月買いもんの 人で 大にぎわいでした。
うすや きねを 売《う》る 店《みせ》も あれば、山から まつを 切《き》って きて、売って いる人も いました。
「ええ、まつは いらんか。おかざりの まつは いらんか。」
じいさまも、声《こえ》を はり上げました。

① かさは いくつ できましたか。

（　　　）

② じいさまは 何《なに》と 何と 何を 買って くると 言いましたか。

（　　　）（　　　）（　　　）

「ええ、かさや　かさやあ。かさこは　いらんか。」

けれども、だれも　ふりむいて　くれません。しかたなく、じいさまは　帰る　ことに　しました。

「年こしの　日に、かさこなんか　買う　もんは　おらんのじゃろ。ああ、もちこも　もたんで　帰れば、ばあさまは　がっかり　するじゃろうのう。」

いつのまにか、日も　くれかけました。

じいさまは、とんぼり　とんぼり　町を　出て、村の　外《はず》れの　野《の》っ原《ぱら》まで　来《き》ました。


（いわさき きょうこ『新しい国語 二下』東京書籍）

③ 町の　市では　どんな　ものを　売って　いましたか。

（　　　　）や（　　　　）

④ ——に　ついて、じいさまは　どうして　帰る　ことに　したのですか。一つ　えらび、○を　つけましょう。

（　）帰りたく　なったから。

（　）かさが　売れなかったから。

（　）ばあさまが　気に　なったから。

⑤ じいさまが　元気《げんき》を　なくして　町を　出た　ようすの　わかる　ことばに　〰〰を　引《ひ》きましょう。

ものがたり文

かさこじぞう ③

名まえ　　　月　　日

つぎの 文を 読《よ》んで もんだいに 答《こた》えましょう。

ふと 顔《かお》を 上げると、道《みち》ばたに じぞうさまが 六人 立って いました。

おどうは なし、木の かげも なし、ふきっさらしの 野《の》っ原《ぱら》なもんで、じぞうさまは かたがわだけ 雪《ゆき》に うもれて いるのでした。

「おお、お気のどくにな。さぞ つめたかろうのう。」

じいさまは、じぞうさまの おつむの 雪を かきおとしました。

「こっちの じぞうさまは、[ア]に しみを こさえて。それから、この じぞうさまは どうじゃ。[イ]から つららを 下げて ござらっしゃる。」

① ア～エの [　]の 中に あてはまる ことばを つぎの [　]から えらんで 書《か》きましょう。

ア	イ	ウ	エ
		かた	

ほおべた　かた　はな　せな

じいさまは、ぬれて つめたい じぞうさまの ［ウ］やら［エ］やらを なでました。

「そうじゃ。この かさこを かぶって くだされ。」

じいさまは、売《う》りものの かさを じぞうさまに かぶせると、風《かぜ》で とばぬよう、しっかり あごの ところで むすんで あげました。

ところが、じぞうさまの 数《かず》は 六人、かさこは 五つ。どうしても 足りません。

「おらので わりいが、こらえて くだされ。」

じいさまは、自分《じぶん》の つぎはぎの 手ぬぐいを とると、いちばん しまいの じぞうさまに かぶせました。

「これで ええ、これで ええ。」

そこで、やっと 安心《あんしん》して、うちに 帰《かえ》りました。

（いわさき きょうこ『新しい国語 二下』東京書籍）

② じぞうさまは 何人《なんにん》 立って いましたか。

（　　　　）

③ じいさまは じぞうさまに かさを かぶせるとき 何と 言《い》いましたか。

（　　　　）

④ じいさまは かさこが 足りないので かわりに 何《なに》を かぶせて あげましたか。

（自分の　　　　の　　　　）

ものがたり文

かさこじぞう ④

名まえ

月　日

つぎの 文を 読《よ》んで もんだいに 答《こた》えましょう。

「ばあさま ばあさま、今《いま》 帰《かえ》った。」

「おお おお、じいさまかい、さぞ つめたかったろうの。かさこは 売《う》れたのかね。」

「それが さっぱり 売れんでのう。」

じいさまは、とちゅうまで 来《く》ると、じぞうさまが 雪《ゆき》に うもれて いた 話《はなし》を して、

「それで おら、かさこ かぶせて きた。」

と 言《い》いました。すると、ばあさまは いやな 顔《かお》 ひとつ しないで、

「おお、それは ええ ことを しなすった。じぞうさまも、この 雪じゃ さぞ

① さぞは どんな いみですか。（　）に ○を つけましょう。

（　）ふるえるほどに
（　）どんなにか
（　）ほんの すこし

② ――の ばあさまを あなたは どう 思《おも》いますか。

つめたかろうもん。さあ　さあ、じいさま、いろりに　来《き》て　当《あ》たって　くだされ。」
じいさまは、いろりの　上に　かぶさるように　して、ひえた　体《からだ》を　あたためました。
「やれ　やれ、□　もちこなしの年こしだ。そんなら　ひとつ　もちつきのまねごとでも　しようかのう。」
じいさまは、
米《こめ》の　もちこ
ひとうす　ばったら
と、いろりの　ふちを　たたきました。

（いわさき きょうこ『新しい国語 二下』東京書籍）

③ じいさまは　なぜ　------　のように　したのでしょう。○を　つけましょう。

（　）体じゅうを　あたためる　ため。

（　）いろりの　中に　入って　いる　ものを　とる　ため。

（　）いろりを　かくす　ため。

④ 上の　文の　□の　中に　ぴったり　あてはまる　ことばを　┆┆の　中から　えらんで　書《か》きましょう。

□

とうぜん　とうとう
やっぱり　そろそろ

ものがたり文

かさこじぞう ⑤

名まえ

月　日

つぎの　文を　読《よ》んで　もんだいに　答《こた》えましょう。

すると、ばあさまも　ほほと　わらって、
あわの　もちこ
ひとうす　ばったら
と、あいどりの　まねを　しました。
それから、二人は、※つけな　かみかみ、お
ゆを　のんで　休みました。
すると、真夜中《まよなか》ごろ、雪《ゆき》の　中を、
　じょいやさ　じょいやさ
と、そりを　引《ひ》く　かけ声《ごえ》が　して　きました。
「ばあさま、今《いま》ごろ　だれじゃろ。長者《ちょうじゃ》ど
んの　わかいしゅが　正月買《か》いもんを　し
のこして、今ごろ　引いて　きたんじゃろ

① ばあさまは　何《なん》と　言《い》って　あいど
りの　まねを　しましたか。

（　　　　　　）

② 二人は　何《なに》を　食《た》べて　何を　のん
で　休みましたか。

（　　　　）を　食べて、（　　　　）

うか。」

ところが、そりを 引く かけ声は、長者どんの やしきの 方《ほう》には 行《い》かず、こっちに 近《ちか》づいて きました。

耳を すまして 聞《き》いて みると、

六人の じぞうさ
かさこ とって かぶせた
じさまの うちは どこだ
ばさまの うちは どこだ

と 歌《うた》って いるのでした。

※つけな…なっぱの つけものの こと

（いわさき きょうこ『新しい国語 二下』東京書籍）

（　　　　）を のんで 休んだ。

③ 真夜中ごろ きこえたのは、どんな かけ声でしたか。

（　　　　）

④ 近づいて きた 歌声は 何と 歌って いましたか。

（　　　　）

ものがたり文

かさこじぞう ⑥

名まえ

月　日

つぎの　文を　読《よ》んで　もんだいに　答《こた》えましょう。

そして、じいさまの　うちの　前《まえ》で　止《と》まると、何《なに》やら　おもい　ものを、

[　　　]

と　下ろして　いきました。

じいさまと　ばあさまが　おきて　いって、雨戸《あまど》を　くると、かさこを　かぶった　じぞうさまと、手ぬぐいを　かぶった　じぞうさまが、

じょいやさ　じょいやさ

と、空《から》ぞりを　引《ひ》いて、帰《かえ》って　いく　ところでした。

のき下には、米《こめ》の　もち、あわの　もちの

① [　]から　えらんで　[　]に　あてはまる　ことばを　書《か》きましょう。

かたかた
きょろきょろ
ずっさん　ずっさん

② ～～で、空ぞりを　引いて　帰って　行《い》ったのは　だれですか。

（　　　）と（　　　）

たわらが　おいて　ありました。
その　ほかにも、みそだる、にんじん、ごんぼや　だいこんの　※かます、おかざりの　まつなどが　ありました。
じいさまと　ばあさまは、［ア］　お正月を　むかえる　ことが　できましたと。

※かます…野《や》さいなどを　入れる　わらの　ふくろ

（いわさき　きょうこ『新しい国語　二下』東京書籍）

③ のき下には　どんな　ものが　おいて　ありましたか。

④ アに　あてはまる　ことばを　えらび、（　）に　○を　つけましょう。

（　）よい
（　）かなしい
（　）さんざんな

せつ明文

たんぽぽの ちえ ①

名まえ

月　日

つぎの 文を 読《よ》んで もんだいに 答《こた》えましょう。

春《はる》に なると、たんぽぽの 黄《き》色《いろ》い
きれいな 花が さきます。
二、三日 たつと、その 花は
しぼんで、だんだん 黒《くろ》っぽい 色
に かわって いきます。
そうして、たんぽぽの 花の じ
くは、ぐったりと じめんに たお

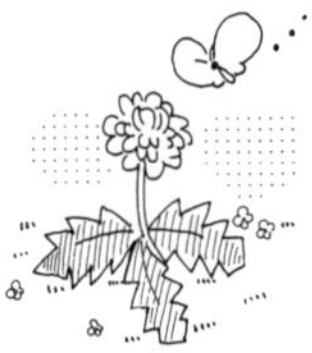

① たんぽぽは、いつ さきますか。

（　　　）

② 花は はじめ どんな 色ですか。

（　　　）

③ 二、三日 たつと どんな 色に かわりますか。

（　　　）

れて　しまいます。

［ア］、たんぽぽは、かれて　しまったのでは　ありません。花と　じくを　しずかに　休ませて、たねに、たくさんの　えいようを　おくって　いるのです。［イ］、たんぽぽは、たねを　どんどん　太《ふと》らせるのです。

（うえむら　としお『こくご二上　たんぽぽ』光村図書）

④　じめんに　たおれた　たんぽぽは　かれたのですか。かれて　いないのですか。

（　　　　　　　　　　　　　　　　）

⑤　アと　イに　あてはまる　ことばを　つぎの［　］から　えらんで　書《か》きましょう。

ア［　　　　　　］

イ［　　　　　　］

けれども
どうして
だから
こうして

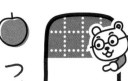

せつ明文

たんぽぽの ちえ ②

名まえ

月　日

つぎの 文を 読《よ》んで もんだいに 答《こた》えましょう。

やがて、花は すっかり かれて、その あとに、白い わた毛《げ》が できて きます。

この わた毛の 一つ一つは、ひろがると、ちょうど らっかさんの ように なります。たんぽぽは、この わた毛に ついて いる たねを、ふわふわと とばすのです。

① たんぽぽの 花が かれた あとに できるのは 何《なに》ですか。

（　　　　）

② ①の 一つ一つが ひろがると 何の ように なりますか。

（　　　　）

この　ころに　なると、それまで
たおれて　いた　花の　じくが、ま
た　おき上がります。そうして、せ
のびを　するように、ぐんぐん　の
びて　いきます。
なぜ、こんな　ことを　するので
しょう。それは、せいを　高《たか》く　す
る　ほうが、わた毛に　風《かぜ》が　よく
あたって、たねを　とおくまで　と
ばす　ことが　できるからです。

（うえむら　としお『こくご二上　たんぽぽ』光村図書）

③　たんぽぽが　たねを　とばす　ころ
おき上がるのは　どの　ぶ分《ぶん》ですか。

（　　　　）

④　〜〜〜の　答えに　なる　文を、上の
文しょうから　見つけて　書《か》きましょ
う。

（　　　　からです。　）

せつ明文

たんぽぽの ちえ ③

名まえ

月　日

つぎの 文を 読《よ》んで もんだいに 答《こた》えましょう。

よく 晴《は》れて、風《かぜ》の ある 日には、わた毛《げ》の らっかさんは、いっぱいに ひらいて、とおくまで とんで いきます。
でも、しめり気の 多《おお》い 日や、雨ふりの 日には、わた毛の らっかさんは、すぼんで しまいます。
それは わた毛が しめって、おも

① よく 晴れて、風の ある 日、わた毛の らっかさんは どうなりますか。

（　　　　　　　　）て、（　　　　　　　　）いきます。

② しめりけの 多い 日や、雨ふりの 日には、わた毛の らっかさんは どうなりますか。

く　なると、　たねを　とおくまで
とばす　ことが　できないからです。
　このように、　たんぽぽは、　いろいろな　ちえを　はたらかせて　います。　そうして、　あちらこちらに　たねを　ちらして、　あたらしい　なかまを　ふやして　いくのです。

（うえむら　としお『こくご二上　たんぽぽ』光村図書）

③ ②のように　なるのは　なぜですか。

（　　　　　　　　　　から。）

④ たんぽぽが　ちえを　はたらかせる　のは　何《なん》の　ためですか。

（　　　　　）を（　　　　　ため。）

せつ明文 たんぽぽ ①

名まえ

月 日

つぎの 文を 読《よ》んで もんだいに 答《こた》えましょう。

たんぽぽは じょうぶな 草です。はが ふまれたり、つみとられたり しても、また 生えて きます。ねが 生きて いて、あたらしい はを つくり出すのです。

たんぽぽの ねを ほって みました。ながい ねです。百センチメートルいじょうの ものも ありました。

はるの はれた 日に、花が さきます。花は、夕方《ゆうがた》 日が かげる

① たんぽぽが、はを ふまれたり、つみとられたり しても、また 生えて くるのは なぜですか。

（　　　　　　　　から。）

② たんぽぽの 花は、どんな 日に さきますか。

（　　　）の（　　　）日

と、とじて しまいます。よるの あいだ、ずっと とじて います。つぎの 日、日が さして くると、また ひらきます。

花を よく 見て みましょう。一つの 花のように 見えるのは、小さな 花の あつまりなので す。小さな 花を 数《かぞ》えて みたら、百八十も ありました。これより 多《おお》い ものも、少《すく》ない ものも あります。この 小さな 花に、みが 一つずつ できるように なって います。

（ひらやま かずこ『新しい国語 二上』東京書籍）

③ 花は いつ とじますか。

（　　　　）

④ 花が また ひらくのは いつ、どうなった ときですか。

（いつ　　　　）、（どうなった　　　　）とき。

⑤ 一つの 花のように 見えるのは 何《なに》の あつまりですか。

（　　　　）

せつ明文

たんぽぽ ②

名まえ

月　日

つぎの 文を 読《よ》んで もんだいに 答《こた》えましょう。

花が しぼむと、みが そだって いきます。みが じゅくすまで、花の くきは、ひくく たおれて います。

みが じゅくして たねが できると、くきは おき上がって、たかく のびます。

はれた 日に、わた毛《げ》が ひらきます。たかく のびた くきの 上の わた毛《げ》には、風《かぜ》が よく 当《あ》た

① みが そだつのは 花が どうなった あとですか。

（　　　　あと。）

② みが じゅくすまで 花の くきは どうなって いますか。

（　　　　）

ります。わた毛は、風に　ふきとば
されます。かるくて　ふわふわした
わた毛は、風に　のって、とおくに
行《い》く　ことが　できます。
　わた毛が　土に　おちると、わた
毛に　ついて　いる　たねが、やが
て　めを　出します。たんぽぽは、
そこで　ねを　はって、そだって
いきます。
　このように　して、たんぽぽは、
いろいろな　ところに　生え、なか
まを　ふやして　いくのです。

（ひらやま かずこ『新しい国語 二上』東京書籍）

③ みが　じゅくすと、くきは　どうな
ります か。

（　　　　　　　　　　）

④ わた毛が　ひらくのは、どんな　日
ですか。

（　　　　　　　　　　）

⑤ かるくて　ふわふわした　わた毛は
どんな　ことが　できますか。

（　　　）に　のって、（　　　）に
（　　　）ことが　できる。

せつ明文

ビーバーの 大工事 ①

名まえ

月　日

つぎの 文を 読《よ》んで もんだいに 答《こた》えましょう。

ここは、北《きた》アメリカ。大きな 森の 中の 川の ほとりです。ビーバーが、木の みきを かじって います。

ガリガリ、ガリガリ。すごい はやさです。木の 根元《ねもと》には、たちまち 木の かわや 木くずが とびちり、みきの 回《まわ》りが ある 五十センチメートルいじょうも 木が、ドシーンと 地《じ》ひびきを 立てて たおれます。

① ビーバーが 木の みきを かじる とき どんな 音が しますか。

② 地ひびきを 立てて たおれるのは どんな 木ですか。

ちかよって みますと、上あごの
歯《は》を 木の みきに 当《あ》てて ささ
えに し、下あごの するどい 歯で、
ぐいぐいと かじって いるので
す。するどくて 大きい 歯は、ま
るで、大工《だいく》さんの つかう のみの
ようです。
ドシーン、ドシーン。
あちらでも こちらでも、ポプラ
や やなぎの 木が つぎつぎに
たおされて いきます。

（なかがわ しろう『新しい国語 二下』東京書籍）

③ ビーバーは どんな ふうに して 木を かじりますか。

（　　　）を（　　　）に 当てて（　　　）に し、（　　　）で（　　　）と かじる。

④ ビーバーの 歯は、何《なん》のようですか。

（　　　）の つかう（　　　）

⑤ 〰〰〰は 何の 木の たおれる 音ですか。

（　　　）や（　　　）

せつ明文

ビーバーの大工事②

名まえ

月　日

つぎの　文を　読《よ》んで　もんだいに　答《こた》えましょう。

ビーバーは、切《き》りたおした　木を、さらに　みじかく　かみ切り、ずるずると　川の　方《ほう》に　引《ひ》きずって　いきます。そして、木を　しっかりと　くわえた　まま、上手に　およいで　いきます。

ビーバーは、ゆびと　ゆびの　間《あいだ》に　じょうぶな　水かきが　ある　後《うし》ろあしで、ぐいぐいと　体《からだ》を　おしすすめます。おは、オールのような　形《かたち》を　して　いて、上手に　かじを　とります。

①ビーバーは、切りたおした　木を　どこへ　引きずって　いきますか。

（　　　　　　）

②木を　しっかり　くわえたまま　どうしますか。

（　　　　　　）

③ゆびと　ゆびの　間に　何《なに》が　ありますか。

（　　　　　　）

ビーバーは、木を くわえた まま、水の 中へ もぐって いきます。そうして、木の とがった 方を 川の そこに さしこんで、ながれないように します。その 上に 小えだを つみ上げて いき、上から 石で おもしを して、どろで しっかり かためて いきます。

家族《かぞく》の ビーバーたちも、はこんで きた 木を つぎつぎに ならべ、石と どろで しっかりと かためて いきます。

（なかがわ しろう『新しい国語 二下』東京書籍）

④ 木を くわえたまま どこへ もぐりますか。

（　　　）

⑤ 木が ながれないように どうしますか。

（　　　）

⑥ ⑤の 上に つみ上げる ものは 何《なん》ですか。

（　　　）

⑦ おもしは 何で しますか。

（　　　）

⑧ 何で かためますか。

（　　　）

せつ明文　ビーバーの大工事　③

名まえ

月　日

つぎの　文を　読《よ》んで　もんだいに　答《こた》えましょう。

一度《いちど》　もぐった　ビーバーは、ふつうで　五分間《ごふんかん》、長《なが》い　ときには　十五分間も　水の　中に　います。

ビーバーは、夕方《ゆうがた》から　夜中《よなか》まで、家族《かぞく》そう出《で》で　しごとを　つづけます。

こうして、つみ上げられた　木と　石と　どろは、一方《いっぽう》の　川岸《かわぎし》から　はんたいがわの　川岸まで、少《すこ》しずつ　のびて　いき、やがて　川の　水を　せき止《と》める　りっぱな　ダム

①　ビーバーは　どのくらい　水の　中に　いますか。

ふつう……（　　　　）

長いとき……（　　　　）

②　ビーバーは　いつから　いつまで　しごとを　つづけますか。

（　　　　）から（　　　　）まで

が　できあがります。
今《いま》までに　見つかった　ビーバーのダムの　中には、高《たか》さ　二メートル、長《なが》さ　四百五十メートルもある　大きな　ものも　あったという　ことです。

（なかがわ　しろう『新しい国語　二下』東京書籍）

③　つみ上げられたのは　何《なに》と　何と
何ですか。
（　　　　　）（　　　　　）

④　③は　やがて　何に　なりますか。
（　　　　　）

⑤　④は　大きな　もので　どのくらい
ありますか。
（　　　　　）

せつ明文　ビーバーの 大工事 ④

名まえ

月　日

つぎの 文を 読《よ》んで もんだいに 答《こた》えましょう。

ダムが できあがって、水が せき止《と》められると、その 内《うち》がわに みずうみが できます。
ビーバーは、その みずうみの まん中に、すを 作《つく》ります。
すは、ダムと 同《おな》じように、木と 石と どろを つみ上げて 作ります。それは、まるで、水の 上に うかんだ しまのようです。
すの 入り口は、水の 中に あり、ビーバーのように、およぎの

① ダムの 水が せき止められると 内がわに できるのは 何《なに》ですか。

（　　　）

② ビーバーは ①の まん中に 何を 作りますか。

（　　　）

③ ②は 何を つみ上げて 作りますか。

（　　　）（　　　）（　　　）

上手な　どうぶつで　ないと、けっして　すの　中に　入る　ことは　できません。
ビーバーが　ダムを　作るのは、それで　川の　水を　せき止めて　みずうみを　作り、その　みずうみの　中に、てきに　おそわれない　あんぜんな　すを　作る　ためなのです。

（なかがわ　しろう『新しい国語　二下』東京書籍）

④すの　入り口は　どこに　ありますか。

（　　　　）

⑤ビーバーが　すの　中に　入る　ことが　できるのは、どんな　どうぶつだからですか。

（　　　　）

⑥ビーバーが　ダムを　作るのは　何を　作る　ためですか。

（　　　　）な（　　　　）

かん字 ①

一年の ふくしゅう

名まえ

月　日

1 つぎの どちらの □にも あてはまる かん字を 書《か》きましょう。

① まん□《げつ》の □《つき》

② □《すい》ように くんだ □《みず》

③ □《きん》色《いろ》の お□《かね》

④ 花《はな》□《び》に 点《てん》□《か》する。

⑤ □《き》の □《もく》目

⑥ □《ど》ように ほった □《つち》

⑦ □《にち》ように 見た 夕《ゆう》□《ひ》

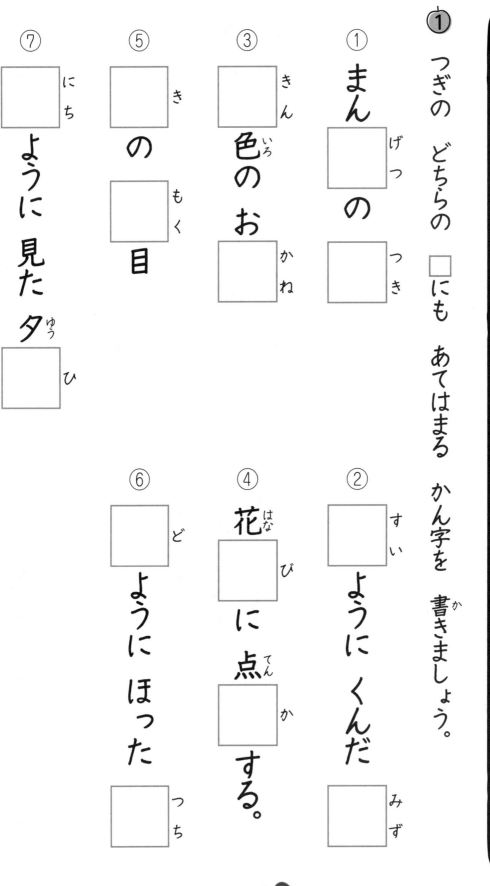

② つぎの□に あてはまる かん字を 書き、かん字かるたを 作《つく》りましょう。

① いちごが □《ひと》つぶ おいしいな。

② にわとりが □《に》羽《わ》やって きた。

③ さんまが □《さん》びき およいでる。

④ ヨットが □《よん》そう うかんでる。

⑤ ゴリラが □《ご》頭《とう》 あそんでる。

⑥ 自《じ》どう車《しゃ》 □《ろく》台《だい》 はっ車した。

⑦ なっとう □《なな》つぶ こぼしたよ。

⑧ はちまき □《はち》本 足《た》りないよ。

⑨ おかしを □《ここの》つ くばります。

⑩ ハンカチ □《じゅう》まい たたみます。

かん字 ②

名まえ

月　日

1 つぎの ――の かん字の 読《よ》みがなを （　） に 書《か》きましょう。

① 上手（　）に ふえを ふく。

② 川の 上手（　）

③ 下手（　）な 字だ。

④ ぶたいの 下手（　）

⑤ 元気（　）

⑥ 元日（　）

⑦ 火（　）の 元（　）

⑧ 晴（　）れ 後（　）くもり

⑨ 前後左右（　）

⑩ 後半（　）

⑪ 後（　）ろの 人（　）

⑫ 後（　）を おう。

⑬ 当番（　）の 日

2 つぎの □ に あてはまる かん字を 書きましょう。

① □《あさ》—□《ひる》—□《よる》

② □《とう》—□《ざい》—□《なん》—□《ぼく》

③ □□《きょう》—あす

④ □《ちち》—□《はは》

□《あね》—□《いもうと》

□《あに》—□《おとうと》

⑤ □□□《しんぶんし》と ボール□《がみ》

⑥ □《う》る—□《か》う

3 つぎの □ に あてはまる かん字を 書きましょう。

① お□《かね》が □□《じゅうえん》 □《た》りない。

② □《そら》には □《ほし》が □《ひか》って いる。

楽《たの》しく
がんばろう♪

かん字 ③

名まえ

月　日

1 つぎの　教科《きょうか》の　名前《なまえ》を　かん字で　書《か》きましょう。

① □□《こくご》

② □《しょ》しゃ

③ □□《さんすう》

④ □□《せいかつ》

⑤ □□《おんがく》

⑥ □《たい》いく

⑦ □□□□《ずがこうさく》

2 つぎの　学校に　かんけいする　かん字を　書きましょう。

① □□《がっこう》へ　□《い》く。

② べん□《きょう》

③ きゅう□《しょく》

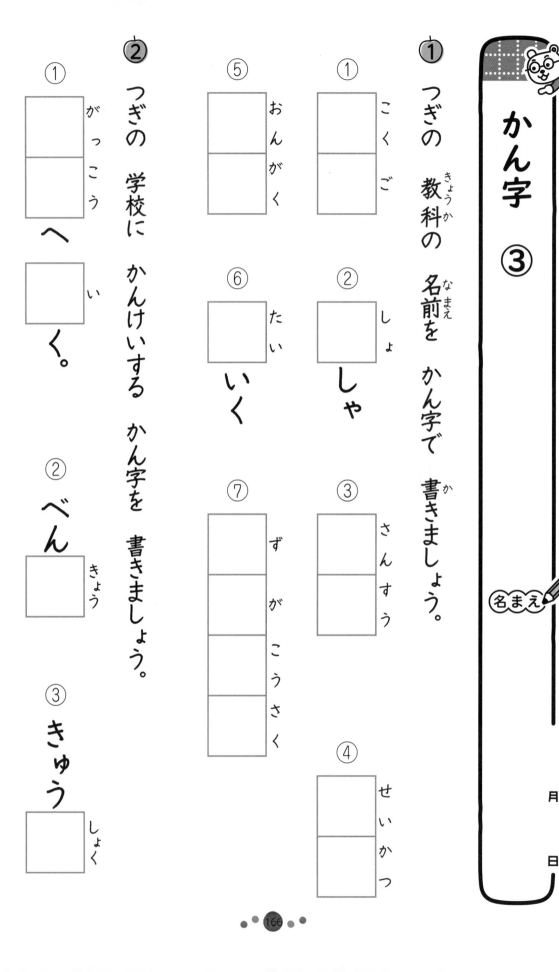

3 つぎの からだに かんけいする かん字を 書きましょう。

① □《あたま》

② かみの □《け》

③ □《かお》

④ よく □《み》える □《め》

⑤ □《た》べる □《くち》

⑥ □《みみ》で □《き》く。

⑦ □□《あしくび》

⑧ □《ある》く

⑨ つま □《さき》

⑩ □《て》で 線《せん》を 引《ひ》く。

4 つぎの ――の かん字の 読《よ》みがなを （　）に 書きましょう。

① 数（　）を 数（　）える。

② 歌（　）を 歌（　）う。

③ 光（　）が 光（　）る。

④ つみ上（　）げる 上（　）る おく上（　）

⑤ 一組（　）と 組（　）む。

かん字 ④

名まえ

月　日

1 つぎの □に あてはまる かん字を 書《か》きましょう。

① □《おう》さまが、目□《だま》やきを 食《た》べる。

② □《むら》の 人が、大切《たいせつ》に して いる □《はやし》。

③ 校門《こうもん》から □《はい》って くる □《ひと》が いる。

④ 市場《いちば》で □《かい》を □《み》つけた。

② つぎの □に あてはまる かん字を 書きましょう。

① □《な》ふだ

② ふみ□《だい》

③ □《くち》

④ □《いし》

⑤ □《あし》

⑥ 力を □《あ》わせる。

⑦ □《こ》かげで □《ほん》を 読《よ》む。

⑧ □《はや》おき

⑨ □《くさ》とり

⑩ □□《にっき》

⑪ □□《かいわ》

⑫ □□《やまざと》の りょう□《り》

⑬ □《さかな》を □《わ》ける。

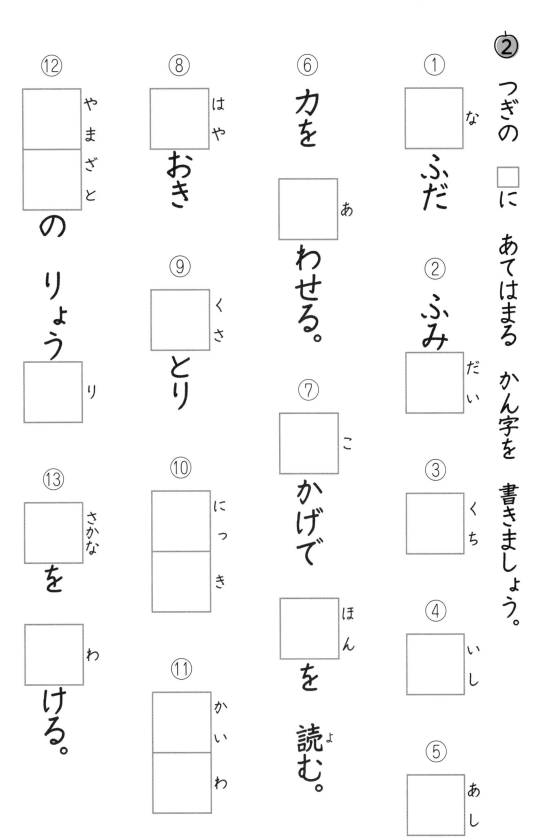

かん字 ⑤

名まえ

月　日

つぎの□には　かん字を、（　）には　おくりがなを　書《か》きましょう。

① ヒヤシンスの　めが　出《で》（る）。　かばんから　本を　□《だ》（　）。

② 手紙《てがみ》を　ポストに　□《い》（　）る。　へやに　風《かぜ》が　□《はい》（　）。

③ 公園《こうえん》へ　あそびに　□《い》（　）う。　入学しきを　□《おこな》（　）。

④ 草が　□《は》（　）る。　ねこの　子が　□《う》（　）た。

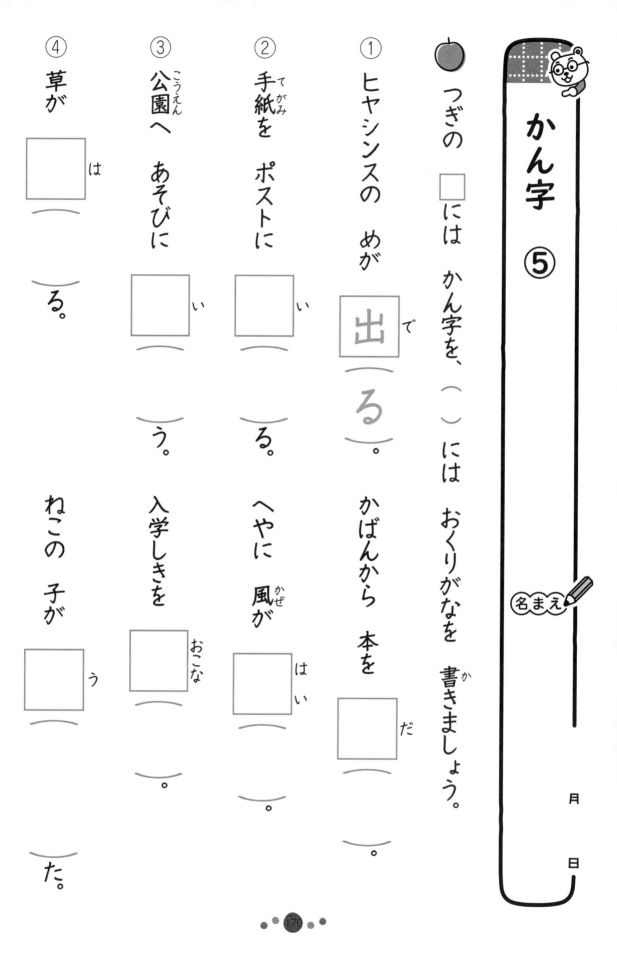

⑤ 夜《よ》が□《あ》（　）た。

⑥ 自《じ》てん車《しゃ》が□《と》（　）る。

⑦ 二かいから□《お》（　）る。

かばんを□《さ》（　）る。

⑧ 友《とも》だちに□《はな》（　）た。

⑨ 文字を□《か》（　）た。

外《そと》が□《あか》（　）。

きかいを□《と》（　）た。

にもつを□《お》（　）す。

川を□《くだ》（　）た。

ちょっと
むずかしいぞ。
できるかな!?

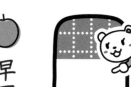

ことばあそび ①

名まえ

月　日

早口ことばを　言《い》って、二回《かい》ずつ　書《か》きましょう。

・青まきがみ　赤まきがみ　黄《き》まきがみ

・すももも　ももも　もものうち

・なまむぎ　なまごめ　なまたまご

・ろうにゃくなんにょの　りょこうきゃく

・となりの　きゃくは　よく　かき　食《く》う　きゃくだ

ことばあそび ②

名まえ

月　日

1 しりとりに　なるように、（　）に　ことばを　書《か》きましょう。

① カカオ → （　　） → ジュース

② ゴリラ → （　　） → コアラ

③ ココア → （　　） → ムース

④ タイ → （　　） → アメリカ

何《なに》の　なかまか　かんがえて　みてね。
④は、長《なが》ぐつの　形《かたち》の　国《くに》だよ！

② 上から 読《よ》んでも 下から 読んでも 同《おな》じに なる ことばや 文（回文《かいぶん》）を
作《つく》りましょう。

〈れい〉 **た** けやぶ やけ **た**
（□には 同じ 文字が 入ります。）

① □マ□
（ヒント…野《や》さいです）

② □んぶん□
（ヒント…紙《かみ》で できています）

③ □イ□
（ヒント…国《くに》の 名前《なまえ》です）

④ □つつ□
（ヒント…鳥《とり》です）

⑤ □かとか□
（ヒント…海《うみ》の 生きものが 二つ 出て きます）

⑥ に□の□に
（ヒント…こわい どうぶつが 家《いえ》に いる!?）

学力の基礎をきたえどの子も伸ばす研究会

HPアドレス　http://gakuryoku.info/

常任委員長　岸本ひとみ
事務局　〒675-0032 加古川市加古川町備後 178－1－2－102 岸本ひとみ方 ☎・Fax 079－425－8781

① めざすもの

私たちは、すべての子どもたちが、日本国憲法と子どもの権利条約の精神に基づき、確かな学力の形成を通して豊かな人格の発達が保障され、民主平和の日本の主権者として成長することを願っています。しかし、発達の基盤ともいうべき学力の基礎を鍛えられないまま落ちこぼれている子どもたちが普遍化し、「荒れ」の情況があちこちで出てきています。

私たちは、「見える学力、見えない学力」を共に養うこと、すなわち、基礎の学習をやり遂げさせることと、読書やいろいろな体験を積むことを通して、子どもたちが「自信と誇りとやる気」を持てるようになると考えています。

私たちは、人格の発達が歪められている情況の中で、それを克服し、子どもたちが豊かに成長するような実践に挑戦します。

そのために、つぎのような研究と活動を進めていきます。

① 「読み・書き・計算」を基軸とした学力の基礎をきたえる実践の創造と普及。
② 豊かで確かな学力づくりと子どもを励ます指導と評価の探究。
③ 特別な力量や経験がなくても、その気になれば「いつでも・どこでも・だれでも」ができる実践の普及。
④ 子どもの発達を軸とした父母・国民・他の民間教育団体との協力、共同。

私たちの実践が、大多数の教職員や父母・国民の方々に支持され、大きな教育運動になるよう地道な努力を継続していきます。

② 会　　員

- 本会の「めざすもの」を認め、会費を納入する人は、会員になることができる。
- 会費は、年 4000 円とし、7 月末までに納入すること。①または②

①郵便振替　口座番号　00920－9－319769
名　　称　学力の基礎をきたえどの子も伸ばす研究会

②ゆうちょ銀行
店番099　店名〇九九《ゼロキュウキュウ》店　当座0319769

- 特典　研究会をする場合、講師派遣の補助を受けることができる。
  大会参加費の割引を受けることができる。
  学力研ニュース、研究会などの案内を無料で送付してもらうことができる。
  自分の実践を学力研ニュースなどに発表することができる。
  研究の部会を作り、会場費などの補助を受けることができる。
  地域サークルを作り、会場費の補助を受けることができる。

③ 活　　動

全国家庭塾連絡会と協力して以下の活動を行う。

- 全 国 大 会　全国の研究、実践の交流、深化をはかる場とし、年１回開催する。通常、夏に行う。
- 地域別集会　地域の研究、実践の交流、深化をはかる場とし、年１回開催する。
- 合宿研究会　研究、実践をさらに深化するために行う。
- 地域サークル　日常の研究、実践の交流、深化の場であり、本会の基本活動である。可能な限り月１回の月例会を行う。会場費の補助を受けることができる。
- 全国キャラバン　地域の要請に基づいて講師派遣をする。

全 国 家 庭 塾 連 絡 会

① めざすもの

私たちは、日本国憲法と子どもの権利条約の精神に基づき、すべての子どもたちが確かな学力と豊かな人格を身につけて、わが国の主権者として成長することを願っています。しかし、わが子も含めて、能力があるにもかかわらず、必要な学力が身につかないままになっている子どもたちがたくさんいることに心を痛めています。

私たちは学力研が追究している教育活動に学びながら、「全国家庭塾連絡会」を結成しました。

この会は、わが子に家庭学習の習慣化を促すことを主な活動内容とする家庭塾運動の交流と普及を目的としています。

私たちの試みが、多くの父母や教職員、市民の方々に支持され、地域に根ざした大きな運動になるよう学力研と連携しながら努力を継続していきます。

② 会　　員

本会の「めざすもの」を認め、会費を納入する人は会員になれる。
会費は年額 1000 円とし（団体加入は年額 2000 円）、8 月末までに納入する。
会員は会報や連絡交流会の案内、学力研集会の情報などをもらえる。

事務局　〒564-0041　大阪府吹田市泉町４－29－13　影浦邦子方　☎・Fax 06－6380－0420
郵便振替　口座番号　00900－1－109969　名称　全国家庭塾連絡会

国語習熟プリント　小学2年生　2020年8月30日　発行

著　者　森　ひろ美
編　集　金井　敬之・川岸　雅詩
発行者　面屋　洋
制作編集担当　青木　圭子　☆☆　0123
表紙デザイン　ウエナカデザイン事務所
日本音楽著作権協会（出）許諾第2005243－001号

企　画　フォーラム・A
発行所　清風堂書店
〒530-0057大阪市北区曽根崎2-11-16
TEL 06-6316-1460／FAX 06-6365-5607

国語2年生
習熟プリント

答え

答え方のワンポイントアドバイスつき！

〔P.6-P.7〕

かたかな ①

ひらがなを かたかなに 直《なお》しましょう。

名まえ

月 日

① ぽすと　ポスト

② ぴあの　ピアノ

③ ここあ　ココア

④ みるく　ミルク

⑤ たおる　タオル

⑥ くいず　クイズ

⑦ どあ　ドア

⑧ ごむ　ゴム

⑨ がらす　ガラス

⑩ ないふ　ナイフ

⑪ ばけつ　バケツ

⑫ ふらんす　フランス

ていねいに 書《か》けるかな!?

〔P.8-P.9〕

かたかな ②

ひらがなを かたかなに 直《なお》しましょう。

名まえ

月 日

① けえき　ケーキ

② くりいむ　クリーム

③ すぴいど　スピード

④ すとおぶ　ストーブ

⑤ くうらあ　クーラー

⑥ すかあと　スカート

⑦ はんばあぐ　ハンバーグ

⑧ はあもにか　ハーモニカ

⑨ があどれえる　ガードレール

⑩ しいる　シール

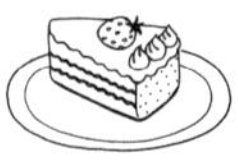

のばす音に ちゅういして、ファイト！

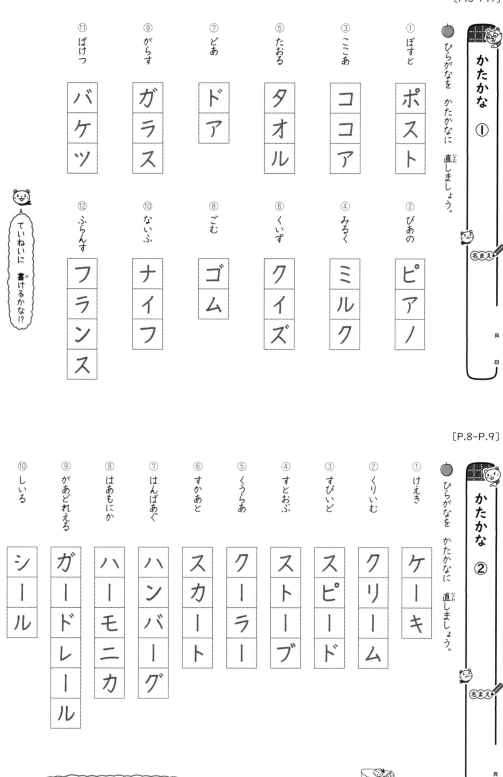

かたかな ③

名まえ

月　日

ひらがなを　かたかなに　直《なお》しましょう。

① ばっと　バット

② びすけっと　ビスケット

③ なっぷざっく　ナップザック

④ ぽけっと　ポケット

⑤ かすたねっと　カスタネット

⑥ すりっぱ　スリッパ

⑦ ろけっと　ロケット

⑧ とらっく　トラック

⑨ よっと　ヨット

⑩ ぱれっと　パレット

小さい「っ」に　気をつけてね！

かたかな ④

名まえ

月　日

ひらがなを　かたかなに　直《なお》しましょう。

① ぺんぎん　ペンギン

② わんわん　ワンワン

③ おらんだ　オランダ

④ らんどせる　ランドセル

⑤ ばいおりん　バイオリン

⑥ えんじぇる　エンジェル

⑦ きゃらめる　キャラメル

⑧ しょぱん　ショパン

⑨ じゃんぐる　ジャングル

⑩ きゃんきゃん　キャンキャン

めざせ！かたかなマスター☆

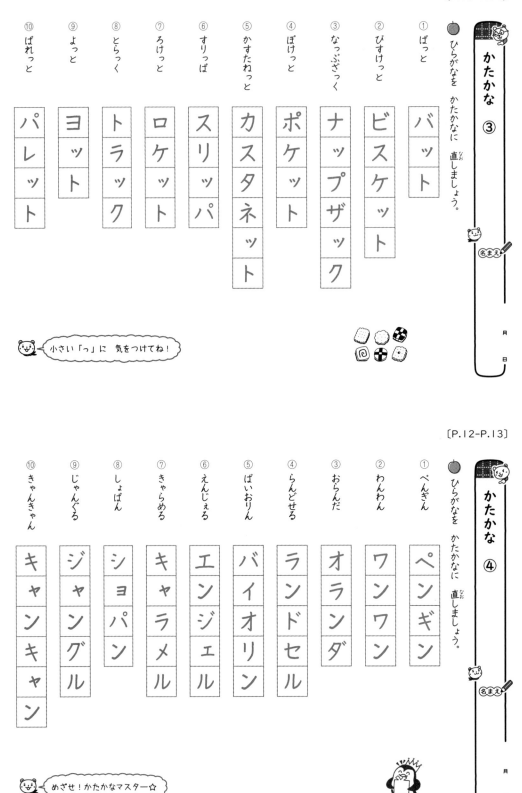

かたかな ⑤

名まえ

月　日

ひょうを 見《み》て かたかなに 直《なお》しましょう。

ア	あ	カ	か	サ	さ
イ	い	キ	き	シ	し
ウ	う	ク	く	ス	す
エ	え	ケ	け	セ	せ
オ	お	コ	こ	ソ	そ

タ	た	ナ	な	ハ	は
チ	ち	ニ	に	ヒ	ひ
ツ	つ	ヌ	ぬ	フ	ふ
テ	て	ネ	ね	ヘ	へ
ト	と	ノ	の	ホ	ほ

マ	ま	ヤ	や	ラ	ら
ミ	み			リ	り
ム	む	ユ	ゆ	ル	る
メ	め			レ	れ
モ	も	ヨ	よ	ロ	ろ

ワ	わ	キャ	きゃ	シャ	しゃ	チャ	ちゃ
ヲ	を	キュ	きゅ	シュ	しゅ	チュ	ちゅ
ン	ん	キョ	きょ	ショ	しょ	チョ	ちょ

ニャ	にゃ	ヒャ	ひゃ	ミャ	みゃ	リャ	りゃ
ニュ	にゅ	ヒュ	ひゅ	ミュ	みゅ	リュ	りゅ
ニョ	にょ	ヒョ	ひょ	ミョ	みょ	リョ	りょ

ギャ	ぎゃ	ジャ	じゃ	ビャ	びゃ	ピャ	ぴゃ
ギュ	ぎゅ	ジュ	じゅ	ビュ	びゅ	ピュ	ぴゅ
ギョ	ぎょ	ジョ	じょ	ビョ	びょ	ピョ	ぴょ

かたかな ⑥

名まえ

月　日

つぎのような ことばは かたかなで 書《か》きます。

① 外国《がいこく》の 国《くに》や 土地《とち》の 名前《なまえ》 — インド ニューヨーク
② 外国の 人の 名前 — アンデルセン シューベルト
③ 外国から 来《き》た ことば —— パン ピアノ
④ ものの 音 —— パチャパチャ ガチャン
⑤ どうぶつの 鳴《な》き声《ごえ》 —— ニャーゴ コケコッコー

□に あてはまる ことばを □から えらび、かたかなで 書きましょう。

① 外国の 国や 土地の 名前　メキシコ　ロシア
② 外国の 人の 名前　エジソン　ピカソ
③ 外国から 来た ことば　キャラメル
④ ものの 音　ドスン
⑤ どうぶつの 鳴き声　ワンワン

どすん　わんわん　めきしこ　ろしあ　きゃらめる　ぴかそ　えじそん

かなづかい ①

名まえ　　月　日

❶ つぎの 文で 正しい 方《ほう》を ○で かこみましょう。

① （**わ**・は）たし（わ・**は**）、本（お・**を**）読《よ》んで います。

② （**お**・を）ばさん（お・**を**）むか（**え**・へ）に、バスの ていりゅうじょ（え・**へ**）行《い》きました。

ガンバレ ガンバレ♪

❷ つぎの ことばで 正しい 方を ○で かこみましょう。

① （おとおと・**おとうと**）

② （**おとうさん**・おとおさん）

③ （とうい・**とおい**） みち

④ （とおげ・**とうげ**）

⑤ （おうかみ・**おおかみ**）

⑥ （こうり・**こおり**） の山

⑦ （**おおきい**・おうきい）

⑧ （こうろぎ・**こおろぎ**）

⑨ 車が （とう・**とお**） る。

⑩ 九つより （とう・**とお**） の 方が 数《かず》が （おうい・**おおい**） よ。

かなづかい ②

名まえ　　月　日

❶ □に あてはまる 字を □から えらんで 書《か》きましょう。（何回《なんかい》も つかう 字も あります。）

① わたし［は］、女の子です。

② びょう気［を］、な［お］しました。

③ ぼく［は］、［お］母《かあ》さんの ［お］手つだいで、にもつもち［を］ しました。

④ ［お］花やさんは、花［を］売《う》ります。

⑤ わたしは、［お］じいさんに「［お］元気《げんき》でね。」と、あいさつ［を］ しました。

⑥ おね［え］さん［は］、［お］つかいで、えきま［え］の しょうてんがい［へ］行《い》きました。

は お を え へ

その ちょうし♪

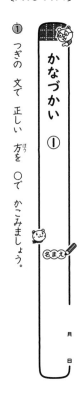

かなづかい ③

名まえ　月　日

● □に あてはまる ことばを □から えらんで 書《か》きましょう。

① 友《とも》だち［が］ あそびに 来《き》た。

② きゅう食《しょく》［を］ 食《た》べる。

③ 学校［へ］ 行《い》く。

④ ノート［に］ 書く。

⑤ 公園《こうえん》［で］ あそぶ。

⑥ 妹《いもうと》［と］ 手を つなぐ。

⑦ ぼく［は］、二年生です。

⑧ これは ぼく［の］ ランドセルです。

⑨ おつかい［から］ 帰《かえ》った。

⑩ お寺《てら》［まで］ 走《はし》ろう。

から へ を まで と に が は の で

組み合わせた ことば

名まえ　月　日

1 つぎの ことばを 合《あ》わせて 合わせことばを 作《つく》りましょう。

① 村 ＋ まつり → 村まつり

② いも ＋ はたけ → いもばたけ

③ かた ＋ くるま → かたぐるま

④ たすける＋ あう → たすけあう（たすけあい）

⑤ おる ＋ まげる → おりまげる（おりまげ）

2 つぎの 合わせことばを もとの ことばに 分《わ》けましょう。

① ごみばこ ⇩ ごみ ＋ はこ

② 近《ちか》道《みち》 ⇩ 近い ＋ 道

③ あらいながす ⇩ あらう ＋ ながす

④ つみかさねる ⇩ つむ ＋ かさねる

⑤ わらいころげる ⇩ わらう ＋ ころげる

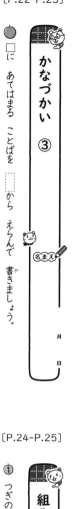

じ・ぢの つかい方

名まえ　　月　　日

つぎの ｛ぢ・じ｝で 正しい 方《ほう》を ○で かこみましょう。

① ｛ぢ・○じ｝しんを もつ。
② ｛ぢ・○じ｝かんが たつ。
③ はな｛○ぢ・じ｝が 出た。
④ め｛ぢ・○じ｝りが 下がる。
⑤ かん｛ぢ・○じ｝を 書《か》く。
⑥ ｛ぢ・○じ｝しゃく
⑦ はな｛○ぢ・じ｝ょうちん
⑧ ち｛○ぢ・じ｝む
⑨ ｛ぢ・○じ｝めん
⑩ わる｛○ぢ・じ｝え
⑪ すう｛ぢ・○じ｝
⑫ み｛○ぢ・じ｝かな 人
⑬ ゆのみ｛○ぢ・じ｝ゃわん
⑭ のど｛ぢ・○じ｝まんに 出た。

ゆのみぢゃわん と いう ことばは、ゆのみ ＋ ちゃわん の 二つの ことばを 合《あ》わせた 合わせことばです。「ちぢむ」は 「ち」が かさなるので 二音目が 「ぢ」に なります。

ず・づの つかい方

名まえ　　月　　日

つぎの ｛づ・ず｝で 正しい 方《ほう》を ○で かこみましょう。

① みか｛○づ・ず｝き
② かな｛○づ・ず｝ち
③ ｛づ・○ず｝がこうさく
④ うで｛づ・○ず｝もう
⑤ つ｛○づ・ず｝き
⑥ こ｛○づ・ず｝つみ
⑦ いのち｛○づ・ず｝な
⑧ あか｛づ・○ず｝きん
⑨ ｛づ・○ず｝つう
⑩ にん｛づ・○ず｝う
⑪ だい｛づ・○ず｝
⑫ せんば｛○づ・ず｝る

せんばづる と いう ことばは、せんば ＋ つる の 二つの ことばを 合《あ》わせた 合わせことばです。「つづき」は 「つ」が かさなるので 二音目が 「づ」に なります。

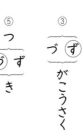

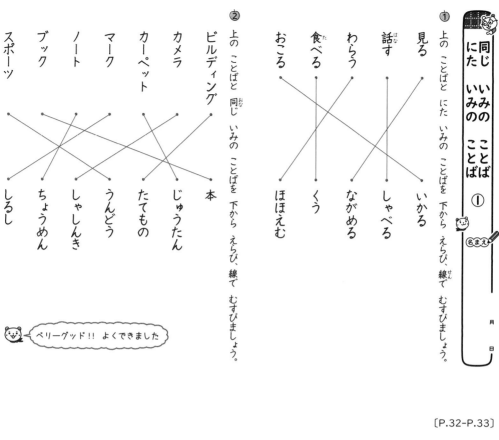

同じ いみの ことば にた いみの ことば ①

名まえ　　月　日

❶ 上の ことばと にた いみの ことばを 下から えらび、線《せん》で むすびましょう。

見る　　いかる
話《はな》す　　しゃべる
わらう　　ながめる
食《た》べる　　くう
おこる　　ほほえむ

❷ 上の ことばと 同《おな》じ いみの ことばを 下から えらび、線で むすびましょう。

ビルディング　　本
カメラ　　じゅうたん
カーペット　　たてもの
マーク　　うんどう
ノート　　しゃしんき
ブック　　ちょうめん
スポーツ　　しるし

ベリーグッド!! よくできました

同じ いみの ことば にた いみの ことば ②

名まえ　　月　日

❶ つぎの ことばの べつの 言《い》い方《かた》を 二つ 書《か》きましょう。

父《ちち》　〈れい〉お父さん・父ちゃん・父上 など
兄《あに》　〈れい〉お兄さん・兄ちゃん・兄上 など
母《はは》　〈れい〉お母さん・母ちゃん・母上 など
姉《あね》　〈れい〉お姉さん・姉ちゃん・姉上 など

❷ つぎの ことばの べつの 言い方を 知《し》って いるだけ 書きましょう。

自分《じぶん》　〈れい〉わたし・ぼく・おれ・わたくし・わがはい など
あなた　〈れい〉きみ・あんた・お前 など

❸ つぎの ことばと 同《おな》じか、よく にた いみの ことばを □から えらび 記《き》ごうで 書きましょう。

① しゃがむ　イ
② もらう　ア
③ ねがう　エ
④ うしなう　オ
⑤ なげく　カ
⑥ あゆむ　ウ

ア いただく　イ すわりこむ　ウ あるく
エ のぞむ　オ なくす　カ かなしむ

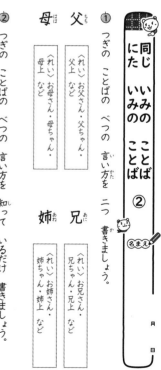

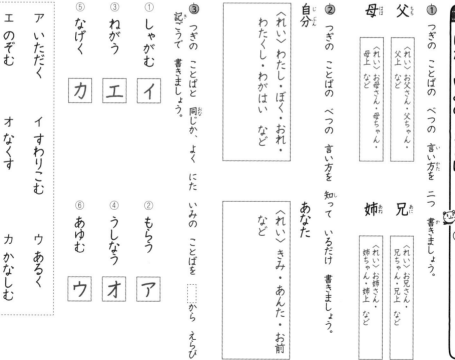

はんたいの いみの ことば ①

名まえ　　月　　日

つぎの ことばと はんたいの いみの ことばを □から えらんで 書《か》きましょう。

① よい （わるい）
② あつい （さむい）
③ たかい （ひくい）
④ ながい （みじかい）
⑤ あかるい （くらい）
⑥ かたい （やわらかい）
⑦ うれしい （かなしい）
⑧ つよい （よわい）
⑨ あさい （ふかい）
⑩ つめたい （あたたかい）
⑪ あまい （からい）
⑫ うつくしい （みにくい）
⑬ はやい （おそい）
⑭ とおい （ちかい）
⑮ おおい （すくない）
⑯ おいしい （まずい）
⑰ あたらしい （ふるい）
⑱ おもい （かるい）

ふるい　かなしい　あたたかい　かるい
おそい　わるい　みにくい　ひくい
すくない　くらい　ちかい　みじかい
よわい　ふかい　やわらかい
まずい　さむい　からい

はんたいの いみの ことば ②

名まえ　　月　　日

つぎの ことばと はんたいの いみの ことばを 書《か》きましょう。

① のびる — ちぢむ
② おす — 引く
③ 生きる — しぬ
④ 当《あ》たる — 外れる
⑤ （ドアを）あける — しめる
⑥ ふえる — へる
⑦ 売《う》る — 買う
⑧ ぬれる — かわく
⑨ おきる — ねる
⑩ ふくらむ — しぼむ
⑪ （バスに）のる — おりる
⑫ すてる — ひろう
⑬ かつ — まける
⑭ うく — しずむ
⑮ 帰《かえ》る — 行く
⑯ 上がる — 下がる
⑰ はじまる — おわる
⑱ なく — わらう

組になる　かん字

名まえ　　月　日

つぎの　かん字と　組《くみ》に　なる　かん字を　書《か》きましょう。

① 大—小
② 右—左
③ 多—少
④ 出—入
⑤ 前—後
⑥ 上—下
⑦ 兄—弟
⑧ 父—母
⑨ 北—南
⑩ 春—秋
⑪ 夏—冬
⑫ 晴—雨
⑬ 外—内
⑭ 手—足
⑮ 姉—妹
⑯ 親—子
⑰ 遠—近
⑱ 男—女
⑲ 天—地
⑳ 強—弱
㉑ 町—村
㉒ 東—西
㉓ 海—山—川
㉔ 年—月—日
㉕ 朝—昼—夜

おととい—きのう—今日《きょう》—明日《あした》—あさって　なども、組に　なる　ことばです。

音の　同じ　ことば

名まえ　　月　日

つぎの　□の　ことばと　同《おな》じ　いみで　つかわれて　いる　方《ほう》に　○を　つけましょう。

① [かわ]で　およぐ。
ア（　）ミカンの　かわを　むく。
イ（○）かわで　せんたくを　する。

② [ふじ]の　山
ア（　）ふじの　やまいに　かかる。
イ（○）日本一の　ふじを　ながめた。
ウ（　）ふじの　花が　さいた。

③ 夏《なつ》は　[あつい]。
ア（　）ぶあつい　本。
イ（　）あついので　やけど　した。
ウ（○）あついので　あせが　出た。

④ 家《いえ》が　[たつ]。
ア（　）人が　たつ。
イ（　）はらが　たつ。
ウ（○）ビルが　たつ。

⑤ きょうは　[はれた]。
ア（○）はれた　青空。
イ（　）きず口が　はれた。

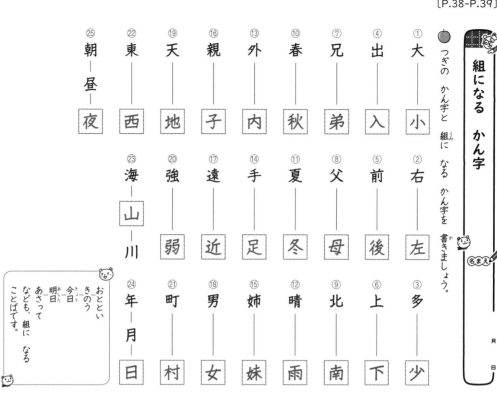

〔P.42-P.43〕

数える ことば ①

名まえ　　　月　　日

（ ）に あてはまる ことばを 書《か》きましょう。

① 石を 一つ二（つ）と 数《かず》えた。
② 二（わ）の はとが えさを 食《た》べて いる。
③ 本を 四（さつ）読《よ》んだ。
④ 子犬が 五（ひき）うまれた。
⑤ 子どもが 六（人）あそんで いる。
⑥ わたしの 家《いえ》は マンションの 七（かい）です。
⑦ 画用紙《がようし》を 八（まい）ください。
⑧ なわとびを 九（回）とんだ。
⑨ テストは おしくも 九十（点）だった。
⑩ ぼくの 体《たい》じゅうは 二十（キロ）グラムです。
⑪ 家が 五（けん）ならんで たって いる。
⑫ 自《じ》どう車《しゃ》が 三（台）とまって いる。
⑬ ふく引《び》きで 一（とう）しょうを あてた 人。

〔P.44-P.45〕

数える ことば ②

名まえ　　　月　　日

1 つぎの ものを 数《かず》える ときは どんな ことばで 数えますか。（ ）に 書《か》きましょう。

① 自《じ》どう車《しゃ》—（台）
② ノート—（さつ）
③ くつ下—（足）
④ えんぴつ—（本）
⑤ お金—（円）
⑥ ふく—（ちゃく）（まい）
⑦ ハンカチ—（まい）
⑧ 年れい—（さい）
⑨ 時間《じかん》—（びょう）（分）（時間）※順不同
⑩ おんど—（ど）

2 つぎの 数字《すうじ》を かん字で 書きましょう。

1—（一）
2—（二）
3—（三）
4—（四）
5—（五）
6—（六）
7—（七）
8—（八）
9—（九）
10—（十）
100—（百）
1000—（千）
10000—（一万）

〔P.46-P.47〕

なかまの ことば

名まえ　　　月　　日

1 [　]の ことばを 春《はる》、夏《なつ》、秋《あき》、冬《ふゆ》に 分《わ》けましょう。

春：さくら・タンポポ・モンシロチョウ

夏：すいか・かぶと虫・プール

秋：赤とんぼ・コスモス・もみじ

冬：雪だるま・マフラー・こたつ

赤とんぼ　雪《ゆき》だるま　さくら　すいか　コスモス　マフラー
タンポポ　かぶと虫　もみじ　こたつ　プール　モンシロチョウ

2 つぎの ことばは、何《なん》の なかまか 書《か》きましょう。

〈れい〉 天気 の なかま（晴《は》れ・くもり・雨・雪《ゆき》）

① 色 の なかま（ピンク・黄《き》・青・白）

② のりもの の なかま（でん車・ひこうき・車・ふね）

③ どうぶつ の なかま（くま・キリン・しまうま・ぞう）

④ 花 の なかま（あさがお・きく・チューリップ・バラ）

〔P.48-P.49〕

ていねいな 言い方 ①

名まえ　　　月　　日

ていねいな 言《い》い方《かた》

「花びんに 花が 生《い》けて ある。」を ていねいな 言い方に なおすと、「花びんに 花が 生けて あります。」と なります。

つぎの 文を ていねいな 言い方に して 書《か》きましょう。

① お母《かあ》さんが 買《か》いものに 行《い》く。
お母さんが 買いものに 行きます。

② わたしは ピアノを ひく。
わたしは ピアノを ひきます。

③ お姉《ねえ》さんが あみものを する。
お姉さんが あみものを します。

④ 弟《おとうと》が 絵《え》を かいて いる。
弟が 絵を かいて います。

⑤ 妹《いもうと》が 本を 読《よ》んで いる。
妹が 本を 読んで います。

⑥ お父《とう》さんが 新聞《しんぶん》を 読んだ。
お父さんが 新聞を 読みました。

⑦ テレビを けした。
テレビを けしました。

ていねいな 言い方 ②

名まえ　　月　　日

● つぎの ていねいな 言《い》い方《かた》の 文を、ふつうの 言い方に して 書《か》きましょう。

① 鳥《とり》が 鳴《な》きます。

鳥が 鳴く。

② 犬が ほえます。

犬が ほえる。

③ 本を 読《よ》みます。

本を 読む。

④ たこの 足は 八本 あります。

たこの 足は 八本 ある。

⑤ 学校は 毎日《まいにち》 楽《たの》しいです。

学校は 毎日 楽しい。

⑥ りょうりを 作《つく》りました。

りょうりを 作った。

⑦ ぼくは けんばんハーモニカを ふきました。

ぼくは けんばんハーモニカを ふいた。

うごきを あらわす ことば ①

名まえ　　月　　日

1 つぎの 文の □の 中に うごきを あらわす ことばを 下から えらんで 書《か》きましょう。

① 友《とも》だちと あそぶ。

② いすに すわる。

③ 花が そよ風《かぜ》に ゆれる。

④ ガイドさんが バスに のる。

⑤ 船《ふね》が うかぶ。

あそぶ　ゆれる　のる　うかぶ　すわる

かもめが とぶ。
魚《さかな》が およぐ。
母《はは》が わらう。

□の ことばは うごきを あらわす ことばです。

2 うごきを あらわす ことばを 五つ えらんで ○を つけましょう。

① （　） アイロン
② （○） ねる
③ （　） 大きい
④ （　） のんきな
⑤ （○） おこる
⑥ （○） すすむ
⑦ （　） 黒《くろ》い
⑧ （　） やさしい
⑨ （○） 食《た》べる
⑩ （○） 走《はし》る

うごきを あらわす ことば ②

名まえ　月　日

1 文に あうように、うごきを あらわす ことばを かえましょう。

〈れい〉 石が 当《あ》たる。 ↔ 石を 当てる。

① 本が おちる。 → 本を おとす。

② 人が あつまる。 → 人を あつめる。

③ 火が きえる。 → 火を けす。

④ はりがねが まがる。 → はりがねを まげる。

2 文に あうように、うごきを あらわす ことばを かえましょう。

① 家《いえ》を たてる。 → 家が たつ。

② 水を ながす。 → 水が ながれる。

③ こおりを とかす。 → こおりが とける。

④ ガラスを わる。 → ガラスが われる。

⑤ 紙《かみ》を もやす。 → 紙が もえる。

ファイト！

ようすを あらわす ことば ①

名まえ　月　日

1 □に あてはまる ことばを □から えらんで 書《か》きましょう。

① 夏《なつ》は あつい。

② 冬《ふゆ》は さむい 日が つづく。

③ この カステラは やわらかい。

④ ゆめが かなって うれしい。

⑤ せんぷうきを つけると すずしい。

⑥ 手ぶくろを つけると あたたかい。

⑦ 人通《ひとどお》りの 少ない 道《みち》は こわい。

⑧ ふじの 山は 日本で 一番《いちばん》 高い。

⑨ ひとりぼっちは さびしい。

⑩ 玉入れは 数《かず》の 多い 方《ほう》が かちだ。

やわらかい
うれしい
少《すく》ない
多《おお》い
すずしい
さむい
さびしい
あたたかい
高《たか》い
あつい

電気《でんき》を つけると 明《あか》るい。
けすと くらい。

明るい とか くらい は ようすを あらわします。

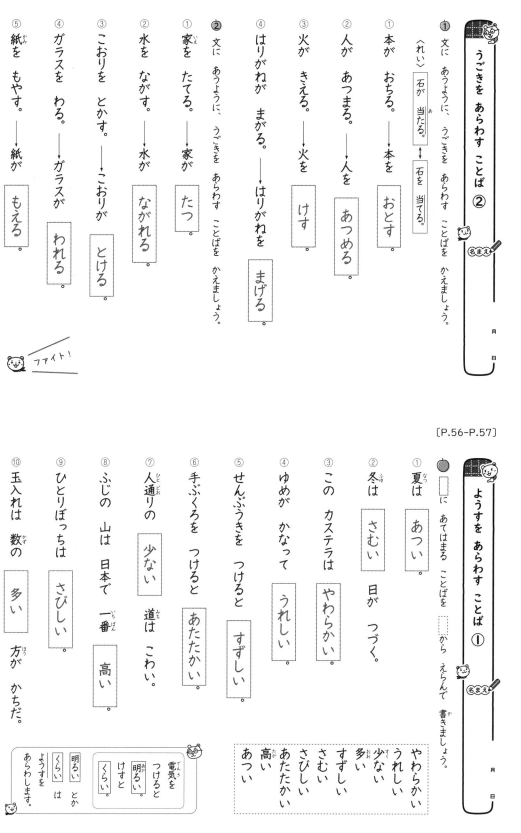

ようすを あらわす ことば ②

名まえ

月　日

□に あてはまる ことばを □から えらんで 書《か》きましょう。

① だんだん くらく なって いく。

② かげが ゆらゆら ゆれて いる。

③ 心《しん》ぱいで はらはら しどおしだ。

④ ごしごし あらって、きれいに なった。

⑤ 雨が しとしと と ふって いる。

⑥ 子どもは すくすく と そだった。

⑦ 毎日《まいにち》 ぶらぶら して いては もったいない。

⑧ 犬が 顔《かお》を ぺろぺろ と なめた。

⑨ うでを ぐるぐる と 回《まわ》した。

⑩ どしどし いけんを 言《い》いましょう。

はらはら　しとしと　ぺろぺろ　だんだん　ごしごし　すくすく　ゆらゆら　ぶらぶら　どしどし　ぐるぐる

ふうせんが ふわふわ とんで いく。

ふわふわ は とんでいく ようすを あらわします。

「 」の つかい方

名まえ

月　日

つぎの 文しょうから、話しことばを 見つけて 「 」を つけましょう。

学校に つくと、けい子さんが、

「おはよう。」

と、言《い》いました。

わたしも
「おはよう。」

と、言いました。

そこへ 先生が 通《とお》りかかって、

「さゆりさんも けい子さんも 早いね。」

と、わらいながら おっしゃいました。

わたしは、あわてて
「おはようございます。」

と、言いました。

すると、先生も、

「おはよう。」

と、おっしゃいました。

文しょうの 中の 話《はな》しことばには 「 」(かぎかっこ)を つけます。

ことばの いみ ①

名まえ　月　日

つぎの ——の ことばの いみに あう ものに ○を つけましょう。

① 大男が 大きな 岩《いわ》を どけようと、ふんばって います。
ア（○）足に 力を 入れて
イ（ ）つかれて
ウ（ ）しぼんで

② つたえたい ことが あい手に きちんと つたわるように 言《い》おう。
ア（ ）いたわる
イ（○）とどく
ウ（ ）よこたわる

③ まずしい みなりの ろう人が いました。
ア（ ）せいかく
イ（ ）みぶり
ウ（○）ふくそう

④「あの 馬《うま》の のり手は だれですか。」
ア（ ）のりの ついた 手
イ（○）のって いる 人
ウ（ ）のりと 手

⑤ じっさいに おもちゃを 作《つく》って みましょう。
ア（ ）ためしに
イ（○）本当《ほんとう》に
ウ（ ）このさい

ことばの いみ ②

名まえ　月　日

つぎの ——の ことばの いみに あう ものに ○を つけましょう。

① つまらなそうな 顔《かお》をして 言《い》いました。
ア（ ）楽《たの》しそうな
イ（ ）かなしそうな
ウ（○）おもしろく なさそうな

② れいだいを といてから れんしゅうもんだいも とこう。
ア（ ）ふみだい
イ（ ）しゅくだい
ウ（○）見本に なる もんだい

③ かいぶつは したなめずりを して じろりじろり 見下ろした。
ア（○）したで くちびるを なめて
イ（ ）したの ほうに 目を やって
ウ（ ）したを めずらしそうに

④ 男は しぶしぶ ぼうしを ぬいで、名前《なまえ》の ところを 見せました。
ア（ ）しぶくて こまって
イ（○）いやいや
ウ（ ）どうでも よさそうに

⑤ 下あごの するどい はで、がつがつと かじって います。
ア（○）先の とがった
イ（ ）まるい
ウ（ ）すごい

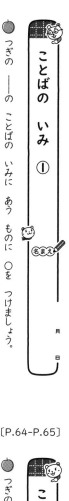

ことばの いみ ③

名まえ　　月　　日

つぎの ことばを つかって みじかい文（たん文）を 作《つく》りましょう。

① つけくわえる

〈れい〉 きみの アイデアに ぼくのも つけくわえよう。

〈れい〉 先生は、遠足のちゅういを一つつけくわえた。

② つらぬく

〈れい〉 わたしは、自分のかんがえをさいごまでつらぬいた。

③ たちまち

〈れい〉 お店のケーキは、たちまち売り切れた。

④ 大にぎわい

〈れい〉 しょうてんがいは、いつも大にぎわいだ。

⑤ せき止《と》める

〈れい〉 大きな岩が、川の水をせき止めました。

文の 切れ目 ①

名まえ　　月　　日

①お父《とう》さんは／②毎日《まいにち》／③かばんを／④もって／⑤しごとに／⑥行《い》きます。

右の 文は、六つの ぶ分《ぶん》から できて います。「ね」を 入れて、読《よ》んで みて おかしく ない ところで 分《わ》けて みましょう。

「お父さんはね 毎日ね かばんをね もってね しごとにね 行きます。」

このように 文は いくつかの ぶ分から できて います。

つぎの 文を くぎると いくつに 分けられますか。／で くぎり、□に 数《かず》を 書《か》きましょう。

① お母《かあ》さんは、／朝《あさ》／せんたくを／します。　4

② ハイジは、／お昼《ひる》ねを／しました。　3

③ チロは／草の／間《あいだ》に／かわいい／赤い／花を／見つけました。　7

④ 朝に／なると、／小鳥《ことり》たちは／たくさん／あつまって／きます。　6

⑤ 口ぶえを／ふくと、／ぼうしを／かぶった／たかしさんが／あらわれました。　6

文の 切れ目 ②

名まえ　　月　日

つぎの［　］の ことばを ならびかえて 一つの 文に しましょう。

①〈れい〉バスは おきゃくさんを のせて 走ります。

［のせて おきゃくさんを 走《はし》ります。 バスは］

②〈れい〉二月に なると、うすピンク色の うめの 花が さきます。

［うめの さきます。 二月に うすピンク色《いろ》の 花が なると、］

③〈れい〉ケンが 心を こめて せわを した 子犬は すくすくと そだちました。

［心《こころ》を せわを ケンが そだちました。 子犬は すくすくと こめて した］

④〈れい〉一つの 花のように 見えるのは、小さな 花の あつまりなのです。

［小さな あつまりなのです。 花のように 一つの 花の 見えるのは、］

文の 形 ①

名まえ　　月　日

文には つぎのような 形《かたち》が あります。

ア わたしは 学校へ 行《い》きます。（ふつうの文）

イ あなたは 学校へ 行きますか。（人にたずねる文）

ウ あなたは 学校へ 行きなさい。（めいれいする文）―（はたらきかける文）
わたしと いっしょに 学校へ 行きましょう。（さそう文）

エ わたしは 学校へは 行きません。（うちけす文）

オ わあーい ぼくが 一番《いちばん》のりだ。（かんどうをあらわす文）

つぎの 文は どんな 形の 文ですか。右の ア〜オから えらび、□に 記《き》ごうを 書《か》きましょう。

① この 本は むずかしそうなので 読《よ》みません。 エ

② お母《かあ》さんは 買《か》いものに 行きました。 ア

③ きみ、年は いくつなの。 イ

④ さっさと おきなさい。 ウ

⑤ おお、これこそ わたしの さがして いた ものだ。 オ

おぉ、すばらしい！

文の形 ②

名まえ　　月　　日

❶ つぎの 文を 人に たずねる文に して 書《か》きましょう。

① さゆりさんは 九時《くじ》に ねました。

さゆりさんは 九時に ねましたか。

② 風《かぜ》が ふいて います。

風が ふいて いますか。

❷ つぎの 人に たずねる文を ふつうの文に して 書きましょう。

① 家《いえ》から スーパーまでは 遠《とお》いですか。

家から スーパーまでは 遠いです。

② お父《とう》さんは、いつも 家で 夕食《ゆうしょく》を 食《た》べますか。

お父さんは、いつも 家で 夕食を 食べます。

❸ つぎの 文を めいれいする文に して 書きましょう。

しゅくだいを します。

しゅくだいを しなさい。

文の形 ③

名まえ　　月　　日

❶ つぎの めいれいする文を ふつうの文に して 書《か》きましょう。

① へやを あたたかく しなさい。

へやを あたたかく します。

② 早く おきなさい。

早く おきます。

❷ つぎの 文を さそう文に して 書きましょう。

① てつぼうの れんしゅうを します。

てつぼうの れんしゅうを しましょう。

② 夏休《なつやす》みに 海《うみ》へ 行《い》きます。

夏休みに 海へ 行きましょう。

❸ つぎの さそう文を ふつうの文に して 書きましょう。

みんなで あそびに 行きましょう。

みんなで あそびに 行きます。

文の 形 ④

名まえ　月　日

〈れい〉

お母《かあ》さんは　ピアノを　ひく。
ふつうの文

→

お母さんは　ピアノを　ひかない。
うちけす文

1 つぎの　文を　うちけす文に　して　書《か》きましょう。

① 風《かぜ》が　ふく。

風が　ふかない。

② 妹《いもうと》は　公園《こうえん》で　あそぶ。

妹は　公園で　あそばない。

2 つぎの　うちけす文を　ふつうの文に　して　書きましょう。

① ぼくは、バスていへ　行《い》きません。

ぼくは、バスていへ　行きます。

② 妹《いもうと》は　手紙《てがみ》を　読《よ》みません。

妹は　手紙を　読みます。

③ ぼくは　ぼうしを　かぶらない。

ぼくは　ぼうしを　かぶる。

しゅご・じゅつご ①

名まえ　月　日

しゅご

（だれが）子どもが　べんきょうする。

（何《なに》が）シクラメンが　さいた。

おじいさんは　やさしい。

たこは　生きものです。

文の　中で、だれが　何が　だれは　何は　に　あたる　ことばを　しゅごと　いいます。

● つぎの　文の　しゅごに　線《せん》を　引《ひ》きましょう。

① おすもうさんは　強《つよ》い。

② 姉《ねえ》さんは　バスガイドです。

③ 子どもたちが　ボールで　あそんで　いる。

④ 自《じ》てん車《しゃ》が　遠《とお》くまで　走《はし》って　いく。

⑤ 海《うみ》の　上を　カモメが　すいすい　とんで　いる。

ファイト！

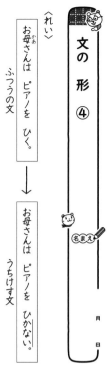

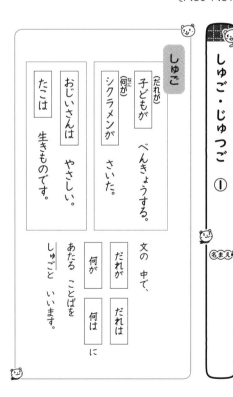

しゅご・じゅつご ②

名まえ　　月　　日

じゅつご

すずめが　電線《でんせん》に　（どうする）とまっている。

ポストは　（どんなだ）赤い。

りんごは　（何《なん》だ）くだものだ。

文の　中で、どうする　どんなだ　何だ　に　あたる　ことばを　じゅつごと　いいます。

● つぎの　文の　じゅつごに　線《せん》を　引《ひ》きましょう。

① 犬が　ほえた。

② 兄《にい》さんは　大学生です。

③ 冬《ふゆ》の　びわこも　うつくしい。

④ にわとりが　たまごを　うんだ。

⑤ ぼくの　弟《おとうと》は　計算《けいさん》が　はやい。

がんばるキミは　かっこいいぞ！

しゅご・じゅつご ③

名まえ　　月　　日

1 つぎの　□に　あてはまる　しゅごを　□から　えらんで　書《か》きましょう。

① ももたろうが　おにたいじに　行《い》きました。

② なのはなばたけで　モンシロチョウが　とんで　います。

③ 春《はる》に　なると　花が　たくさん　さきます。

④ 竹の　中には　小さな　女の子が　いました。

小さな女の子が　花が　ももたろうが　モンシロチョウが

2 つぎの　□に　あてはまる　じゅつごを　□から　えらんで　書きましょう。

① 遠足《えんそく》に　行くのは　楽しみだ。

② ぞうが　のっしのっしと　歩く。

③ きゅう食《しょく》は　おいしい。

④ 野原《のはら》で　牛《うし》が　草を　食べる。

⑤ 雨が　ぽつぽつと　ふってきた。

おいしい　楽《たの》しみだ　ふってきた　歩《ある》く　食《た》べる

その　ちょうし！

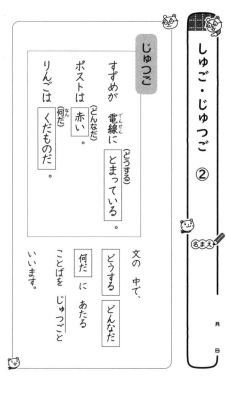

くわしく する ことば

名まえ

月　日

くわしく する ことば

ぼくたちの → 先生は（しゅご）
とても → おもしろい。（じゅつご）

白い → 犬が（しゅご）
まっしぐらに → 走《はし》った。（じゅつご）

文の 中の ぼくたちの とても 白い まっしぐらに などの ことばは、しゅごや じゅつごを くわしく する ことば です。

● つぎの □の ことばを くわしく する ことばに 線《せん》を 引《ひ》きましょう。

① 小さな 女の子が 歩《ある》いて くる。

② すずしい 風《かぜ》が そよそよと ふいて きた。

③ きょう ショートケーキが あっという間《ま》に 売《う》り切《き》れた。

④ まっ白な とうふは とても おいしい。

くわしい 文

名まえ

月　日

くわしい 文には、（ ）のような ことばが あります。

（いつ）きのう （どこで）体《たい》いくかんで （だれが）友《とも》だちが （何《なに》を）さかだちを （どうした）見せてくれた。

（いつ）ある日 （どこで）あなの中で （何が）うさぎが （何を）目を （どうした）さました。

● つぎの ―を 引《ひ》いた ことばは、1いつ、2どこで、3何を の どれですか。（ ）に 番《ばん》ごうを 書《か》きましょう。

① こいのぼりが 空で（2） およいで いる。

② 朝《あさ》（1） ぼくは 新聞《しんぶん》を（3） とって くる。

③ 金魚《きんぎょ》が 水そうで（2） あばれだした。

④ 夕方《ゆうがた》（1） すいはんきで ごはんを たきなさい。

⑤ パトカーが 夜中《よなか》に（1） サイレンを（3） ならして 走《はし》って いった。

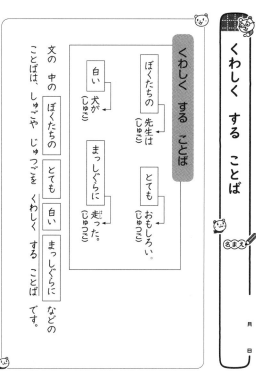

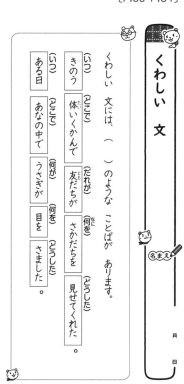

すぎさった形の文

名まえ　　　　月　　日

〈れい〉 りすが 走《はし》る。 → りすが 走った。

ふつうの文　　すぎさった形《かたち》の文

1 つぎの 文を すぎさった形の文に して 書《か》きましょう。

① サンタクロースが プレゼントを くばる。

サンタクロースが プレゼントを くばった。

② ぼくは、お手つだいを する。

ぼくは、お手つだいを した。

2 つぎの すぎさった形の文を ふつうの文に して 書きましょう。

① かもめが ゆっくりと とんで いった。

かもめが ゆっくりと とんで いく。

② トムは、年を とった おじいさんと ふたりで くらして いました。

トムは、年を とった おじいさんと ふたりで くらしています。

こそあどことば ①

名まえ　　　　月　　日

話《はな》し手《て》に 近《ちか》い もの を さす。「これ」

聞《き》き手《て》に 近い もの を さす。「それ」

話し手・聞き手の どちらにも 遠《とお》い もの を さす。「あれ」

話し手に わからない ものを さす。「どれ」

1 つぎの □に あてはまる ことばを 上から えらんで 書《か》きましょう。

① ねこを だいて 言《い》いました。「これ は わたしの ねこです。」

② あなたの 前《まえ》に ある、それ は 何《なん》ですか。

③ 遠《とお》くに 見える あれ が わたしの 通《かよ》う 学校です。

④ この 中の どれ が きみの もの か わかりません。

⑤ おおかみが むこうから 近づいて きました。それ を 見て いた ひつじは、びっくり しました。

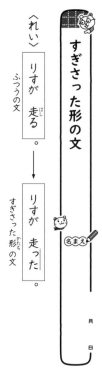

こそあどことば ②

名まえ　　月　　日

話《はな》し手《て》に 近《ちか》い ばしょ を さす。「ここ」

聞《き》き手《て》に 近い ばしょ を さす。「そこ」

話し手・聞き手 どちらからも の 遠《とお》い ばしょ を さす。「あそこ」

話し手に わからない ばしょを さす。「どこ」

つぎの □に あてはまる ことばを 上から えらんで 書《か》きましょう。

① やっと、げんかんに たどりつきました。［ここ］が、山田くんの うちです。

② きみは ［どこ］から 来《き》たのですか。

③ まいごの 子ねこは ［どこ］に 行《い》って しまったのだろう。

④ 山の 上を 見て ください。［あそこ］に たっている お寺《てら》に 行きたいのです。

⑤ あなたが 今《いま》 つかって いる つくえ の 上、［そこ］に はさみが ありますよ。

つなぎことば ①

名まえ　　月　　日

つぎの □に あてはまる ことばを ⬚から えらんで 書《か》きましょう。

① 今夜《こんや》は 星《ほし》が きれいです。［だから］ 明日《あす》は、きっと よい 天気でしょう。

② くつやへ 行《い》った。［それから］ パンやへも 行った。

③ 山へ 行こうか。［それとも］ 海《うみ》へ 行こうか。

④ ねむい。［でも］ がんばって おきて いよう。

⑤ 早めに 学校へ 行った。［すると］ むこうから けい子さんが やって きた。

すると　でも　だから
それから　それとも

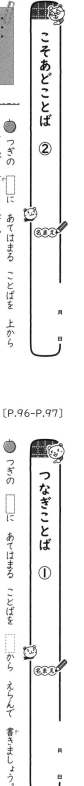

〔P.98-P.99〕

つなぎことば ②

名まえ　　月　日

つぎの　文の　つなぎことばで　正しい　方《ほう》を　○で　かこみましょう。

① 明日《あす》は　晴《は》れでしょうか。（そこで／(それとも)）くもりでしょうか。

② 大声《おおごえ》で　人を　よびました。（(ところが)／すると）だれも　ふりむきません。

③ 子どもは　ころんで　しまいました。（だから／(けれども)）なきませんでした。

④ おばあさんは　年よりです。（それで／(しかし)）なかなか　元気《げんき》です。

⑤ 今《いま》、お金を　ためて　います。（(さて)／すると）どれくらい　たまるでしょうか。

〔P.100-P.101〕

「だれ」が

名まえ　　月　日

つぎの　文を　読《よ》んで（　）に　あう　ことばを　書《か》きましょう。

(1) けい子さんが　えんぴつで　書きました。

「だれ」が　えんぴつで　書きましたか。
（けい子さん）が　書きました。

(2) お母《かあ》さんが、カレーを　作《つく》ります。わたしは　おつかいを　たのまれました。

① 「だれ」が　カレーを　作りますか。
（お母さん）が　作ります。

② 「だれ」が　おつかいを　たのまれましたか。
（わたし）が　おつかいを　たのまれました。

(3) 妹《いもうと》が　ころびました。ぼくは　いそいで　たすけおこしました。「けがが　なくて　よかったね。」と　友《とも》だちが　言《い》いました。

① ころんだのは「だれ」ですか。
（妹）です。

② たすけおこしたのは「だれ」ですか。
（ぼく）です。

③ 「けがが　なくて　よかったね。」と　言ったのは「だれ」ですか。
（友だち）です。

(4) 学校から　帰《かえ》って、たかしさんは　ひろとさんを　あそびに　さそいました。そこへ　だいちさんが　通《とお》りかかったので　さそって　三人で　あそびました。

あそんだ　三人は「だれ」と「だれ」と「だれ」ですか。
（だいちさん）です。
（たかしさん）と（ひろとさん）と

「何」が

名まえ　　月　　日

つぎの 文を 読《よ》んで（ ）に あう ことばを 書《か》きましょう。

(1)
花が さいて います。
つぼみも ふくらんで きて います。

① 「何《なに》」が さいて いますか。
（ 花 ）が さいて います。

② 「何」が ふくらんで きて いますか。
（ つぼみ ）が ふくらんで きて います。

(2)
家《いえ》の 前《まえ》に、自《じ》てん車《しゃ》が とまって いました。中に 入ると にもつが おいて ありました。

① 家の 前に とまって いたのは
（ 自てん車 ）です。

② 中に 入ると おいて あったのは
（ にもつ ）です。

(3)
ポケットから お金が ころがりおちました。風《かぜ》が ふいて、雨も ふって きました。

① ポケットから ころがりおちたのは、
（ お金 ）です。

② ふいて きたのは （ 風 ）です。

③ ふって きたのは （ 雨 ）です。

(4)
おいしそうな おかしが あります。よく 見ると となりに お茶《ちゃ》も 用《よう》いされて いました。

① おいしそうなのは「何」ですか。
（ おかし ）です。

② となりに 用いされて いたのは 何ですか。
（ お茶 ）です。

「どうする」「どうした」

名まえ　　月　　日

つぎの 文を 読《よ》んで（ ）に あう ことばを 書《か》きましょう。

(1)
ゆなさんは、パンを 食《た》べました。

ゆなさんは「どうしました」か。
ゆなさんは、パンを（ 食べました ）。

(2)
りょうさんは、今《いま》から 歌《うた》を 歌います。

りょうさんは「どうします」か。
りょうさんは、歌を（ 歌います ）。

(3)
みきさんは、さいふから 百円玉を とり出しました。

みきさんは さいふから 百円玉を「どうしました」か。
百円玉を（ とり出しました ）。

(4)
きのう、おじいちゃんが、あそびに 来《き》ました。ぼくは、おじいちゃんと いっしょに おふろに 入りました。そして おじいちゃんの せなかを ながしました。

① きのう、おじいちゃんが、「どうしました」か。
あそびに（ 来ました ）。

② ぼくは、おじいちゃんと いっしょに 「どうしました」か。
おふろに（ 入りました ）。

③ そして、おじいちゃんの せなかを「どうしました」か。
せなかを（ ながしました ）。

「いつ」

名まえ　月　日

つぎの 文を 読《よ》んで（ ）に あう ことばを 書《か》きましょう。

(1) あす ななさんは、遠足《えんそく》に 行《い》きます。

「いつ」ななさんは、遠足に 行きますか。

（あす）ななさんは、遠足に 行きます。

(2) 朝《あさ》、雨が ふって きました。

「いつ」、雨が ふって きましたか。

（朝）、雨が ふって きました。

(3) きのうは、くもりでした。きょうは、よい 天気に なりました。

① くもりだったのは（きのう）です。

② よい 天気に なったのは（きょう）です。

(4) 昼休《ひるやす》みに、グラウンドで ドッジボールを した。ほうかご、中にわで こま回《まわ》しを した。

① グラウンドで ドッジボールを したのは（昼休み）です。

② 中にわで こま回《まわ》しを したのは、（ほうかご）です。

(5) 五才《ごさい》の とき、自《じ》てん車《しゃ》に のれるように なった。

自てん車に のれるように なったのは「いつ」ですか。

（五才 のとき）。

(6) ゴールを きめた とき、ぼくは ガッツポーズを しました。

ガッツポーズを したのは、「いつ」ですか。

（ゴールを きめた とき）。

文に「〜とき」とあるから、答え方も「〜とき。」だね。

「どこ」で

名まえ　月　日

つぎの 文を 読《よ》んで（ ）に あう ことばを 書《か》きましょう。

(1) ぼくは、友《とも》だちと 学校で あそびました。

ぼくは、「どこ」で あそびましたか。

（学校）で あそびました。

(2) お母《かあ》さんが、台《だい》どころで、夕ごはんの 用《よう》いを して いる。

お母さんは、「どこ」で 夕ごはんの 用いを して いますか。

（台どころ）で 夕ごはんの 用いを して います。

(3) とても あつい 日だった。わたしは プールで およいだ。

わたしが およいだ ところは（プール）です。

(4) 朝《あさ》ごはんの 前《まえ》に、ポチを つれて 海《うみ》へ さん歩《ぽ》に 行《い》った。

朝ごはんの 前に、ポチを つれて さんぽに 行ったのは「どこ」ですか。

（海）です。

(5) かくれんぼを しました。みちるさんは、草原《くさはら》に かくれました。ゆみさんは、木の かげに かくれました。ゆたかさんは、木の 上に かくれました。はるとさんは、ゆうぐに かくれました。あやさんは、つき山の トンネルに かくれました。

かくれんぼで 五人が かくれたのは「どこ」ですか。

みちるさん……（草はら）
ゆみさん……（木のかげ）
ゆたかさん……（木の上）
はるとさん……（ゆうぐ）
あやさん……（つき山の トンネル）

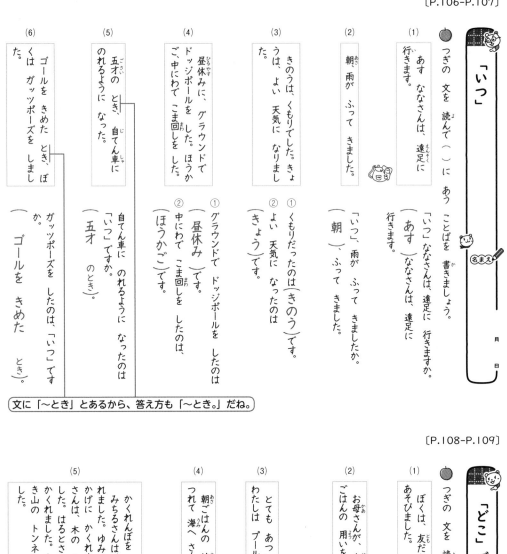

「何」を

名まえ　　月　日

● つぎの 文を 読《よ》んで（　）に あう ことばを 書《か》きましょう。

(1) はるなさんが、りんごの かわを むきました。

はるなさんは「何《なに》」を むきましたか。
（りんごの かわ）を むきました。

(2) あきらさんが、だんごむしを 見つけました。さわると からだを まるめました。

① あきらさんは「何」を 見つけましたか。
（だんごむし）を 見つけました。

② さわると「何」を まるめましたか。
（からだ）を まるめました。

(3) とても さむい 日です。よう子さんは 手ぶくろと マフラーを して うちを 出ました。

よう子さんは「何」と「何」を して うちを 出ましたか。
（手ぶくろ）と（マフラー）を して うちを 出ました。

(4) ぼくは おつかいに 行った。やおやで ほうれん草と 白さいを 買《か》って、とうふやで とうふと あつあげを 買った。

ぼくは、おつかいで「何」と「何」を 買いましたか。

① やおやで（ほうれん草）と（白さい）を 買った。

② とうふやで（とうふ）と（あつあげ）を 買った。

「～から。」「～こと。」

名まえ　　月　日

「なぜですか。」、「どうして～ですか。」など、りゆうを たずねられた ときは、「～から。」と 答《こた》えます。（同《おな》じような 答《こた》え方《かた》で「～ため。」も あります。）

❶ つぎの 文を 読《よ》んで もんだいに 答えましょう。

(1) のどが かわいたから、ぼくは ジュースを のみました。

「なぜ」ジュースを のんだのですか。
（のどが かわいた から。）

(2) わたしは かんごしに なりたいです。なぜなら、人の いのちを すくいたいからです。

「なぜ」かんごしに なりたいのですか。
（人の いのちを すくいたい から。）

りゆうを 聞かれて いるから、「～から。」と 答えるよ。

「どんな ことですか。」、「～ことは 何《なん》ですか。」などのように、ことがらを たずねられた ときは、「～こと。」と 答えます。

❷ つぎの 文を 読んで もんだいに 答えましょう。

(1) さとしさんは、犬に エサを やる ことを まかされて います。

さとしさんが まかされて いる ことは 何ですか。
（犬に エサを やる こと。）

(2) 友《とも》だちと 毎日《まいにち》 会《あ》える ことは、しあわせな ことだと 思《おも》います。

しあわせだと 思う ことは、どんな ことですか。
（友だちと 毎日 会える こと。）

ことがらを 聞かれて いるから、「～こと。」と 答えるよ。

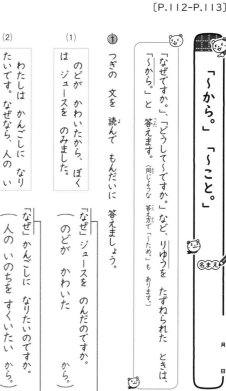

「どんな」ようす・きもち

名まえ　　月　　日

つぎの 詩《し》を 読《よ》んで もんだいに 答《こた》えましょう。

大きな古時計《ふるどけい》

大きな のっぽの 古時計
おじいさんの 時計《とけい》
百年 いつも うごいていた
ごじまんの 時計さ
おじいさんの 生まれた
朝《あさ》に 買《か》ってきた 時計さ
今《いま》は もう うごかない
その 時計
百年 休まずに
チクタク チクタク
おじいさんと いっしょに
チクタク チクタク
今は もう うごかない
その 時計

ウォーク・ヘンリー・クレイ 作詩・作曲
保富 庚午 訳詩

① おじいさんの 時計は、「どんな」古時計ですか。
（ 大き ）な （ のっぽ ）の 古時計

② 百年 いつも うごいて いた「どんな」時計ですか。
（ ごじまん ）の 時計

③ 今は もう「どんな」その 時計ですか。
今は もう（ うごかない ）その 時計

④ 時計は「どんな」音が しましたか。
（ チクタク チクタク ）

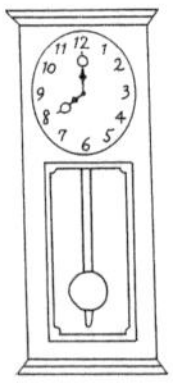

だれ いつ どこ 何 どんな

名まえ　　月　　日

つぎの 詩《し》を 読《よ》んで もんだいに 答《こた》えましょう。

となりの トトロ

だれかが こっそり
こみちに このみ うずめて
ちっさな め はえたら
ひみつの あんごう
もりへの パスポート
すてきな ぼうけん はじまる
となりの トトロ トトロ
トトロ トトロ
もりの 中に むかしから
すんでる となりの トトロ
トトロ トトロ トトロ
こどもの ときに だけ
あなたに おとずれる
ふしぎな であい

宮崎 駿 作詩
久石 譲 作曲

①「だれ」が このみを うずめましたか。
（ だれか ）

②「どんな」ふうに うずめましたか。
（ こっそり ）

③「どこ」に このみを うずめましたか。
（ こみち ）

④「何《なに》」が はえたら ひみつの あんごうですか。
（ ちっさな め ）

⑤ ひみつの あんごうは もりへの「何」ですか。
（ パスポート ）

⑥「どんな」ぼうけんが はじまるのですか。
（ すてきな ）ぼうけん

⑦ となりの トトロは「どこ」に すんで いますか。
（ もりの 中 ）

⑧「いつ」から すんで いますか。
（ むかし ）から

⑨「どんな」であい ですか。
（ ふしぎな ）であい

ものがたり文　ふきのとう ①

名まえ　　　月　　日

つぎの　文を　読《よ》んで　もんだいに　答《こた》えましょう。

よが　あけました。
あさの　ひかりを　あびて、竹やぶの　竹の　はっぱが、
「さむかったね。」
「うん、さむかったね。」
と　ささやいて　います。

雪《ゆき》が　まだ　すこし　のこって、あたりは　しんと　して　います。

どこかで、小さな　こえが　しました。

「よいしょ、よいしょ。おもたいな。」

竹やぶの　そばの　ふきのとうです。

雪の　下に　あたまを　出して、雪を　どけようと、ふんばって　いる　ところです。

「よいしょ、よいしょ。そとが　見たいな。」

「ごめんね。」

と、雪が　言《い》いました。

「わたしも、早く　とけて　水に　なり、とおくへ　いって　あそびたいけど。」

と、上を　見上げます。

「竹やぶの　かげに　なって、お日さまが　あたらない。」

と　ざんねんそうです。


（くどう なおこ「こくご二上 たんぽぽ」光村図書）

① 竹やぶの　竹の　はっぱは　何《なん》と　言って　ささやいて　いますか。

（「さむかったね。」）（「うん、さむかったね。」）

② 小さな　こえは　何と　言いましたか。

（「よいしょ、よいしょ。おもたいな。」）

③ ②は　だれの　こえですか。

（ふきのとう）

④ 〜〜〜を　言って　いるのは　だれですか。

（ふきのとう）

⑤ 雪は　どういう　ことが　ざんねんなのですか。

（竹やぶの　かげに　なって、お日さまが　あたらない　こと。）

「どういうこと」か　聞かれているから、「〜こと。」と　答えるよ。

ものがたり文　ふきのとう ②

名まえ　　　月　　日

つぎの　文を　読《よ》んで　もんだいに　答《こた》えましょう。

「すまない。」

と、竹やぶが　言《い》いました。

「わたしたちも、ゆれて　おどりたい。ゆれて　おどれば、雪《ゆき》に　日が　あたる。」

と、上を　見上げます。

「でも、はるかぜが　まだ　こない。はるかぜが　こないと、おどれない。」

と　ざんねんそうです。

空の　上で、お日さまが　わらいました。

「おや、はるかぜが　ねぼうして　いるな。竹やぶも　雪も　ふきのとうも、みんな　こまって　いるな。」

そこで、南《みなみ》を　むいて　言いました。

「おうい、はるかぜ。おきなさい。」

お日さまに　おこされて、はるかぜは、大きな　あくび。

それから、せのびして　言いました。

（くどう なおこ「こくご二上 たんぽぽ」光村図書）

① 「すまない。」と　言ったのは　だれですか。

（竹やぶ）

② ①は、その　あと、何《なん》と　言いましたか。

（「わたしたちも、ゆれて　おどりたい。ゆれて　おどれば、雪に　日が　あたる。」）

③ ①が、②の　あと　ざんねんそうに　言った　ことを　書《か》きましょう。

（「でも、はるかぜが　まだ　こない。はるかぜが　こないと、おどれない。」）

④ お日さまは　わらって、何と　言いましたか。

（「おや。はるかぜが　ねぼうして　いるな。竹やぶも　雪も　ふきのとうも、みんな　こまって　いるな。」）

⑤ お日さまに　おこされたのは　だれですか。

（はるかぜ）

文の　中から　ぬき出すときは、かぎかっこや「、」「。」も　わすれずにね！

ものがたり文 ふきのとう ③

名まえ　　月　日

つぎの 文を 読《よ》んで もんだいに 答《こた》えましょう。

「や、お日さま。や、みんな。おまちどお。」

はるかぜは、むね いっぱいに いきを すい、ふうっと いきを はきました。

はるかぜに ふかれて、竹やぶが、ゆれる ゆれる、おどる。雪《ゆき》が、とける とける、水に なる。ふきのとうが、ふんばる、せが のびる。

ふかれて、
ゆれて、
とけて、
ふんばって、

――もっこり。

ふきのとうが、かおを 出しました。

「こんにちは。」

もう、すっかり はるです。

（くどう なおこ「こくご二上 たんぽぽ」光村図書）

① はるかぜは 何《なん》と 言《い》いましたか。

（「や、お日さま。や、みんな。おまちどお。」）

② すっかりは 言いかえると どういう ことですか。○を つけましょう。

（　）半分《はんぶん》 ぐらい
（○）あたり 一めん ぜんぶ
（　）ほんの ちょっと

③ はるかぜに ふかれて それぞれ どうなりましたか。

竹やぶは（ゆれ）て（おどっ）た。

雪は（とけ）て 水に（なっ）た。

ふきのとうは（ふんばっ）て せが（のび）た。

ものがたり文 スイミー ①

名まえ　　月　日

つぎの 文を 読《よ》んで もんだいに 答《こた》えましょう。

広《ひろ》い 海《うみ》の どこかに、小さな 魚《さかな》の きょうだいたちが、たのしく くらして いた。
みんな 赤いのに、一ぴきだけは、からす貝よりも まっくろ。およぐのは、だれよりも はやかった。
名前《なまえ》は スイミー。
ある 日、おそろしい まぐろが、おなかを すかせて、すごい はやさで ミサイルみたいに つっこんで きた。
一口で、まぐろは、小さな 赤い 魚たちを、一ぴき のこらず のみこんだ。
にげたのは スイミーだけ。
スイミーは およいだ、くらい 海の そこを。こわかった。さびしかった。とても かなしかった。

（レオ＝レオニ 作 たにかわ しゅんたろう 訳《やく》「こくご二上 たんぽぽ」光村図書）

① ――に ついて、一ぴきだけ 魚の きょうだいたちと ちがって いたのは どんな ところですか。二つ 書《か》きましょう。

（からす貝よりも まっくろ（なところ）。）

（およぐのが だれよりも はやい（ところ）。）

② ――の 魚の 名前を 書きましょう。

（スイミー）

③ まぐろは、どのように つっこんで きましたか。

（おなか）を すかせて
（すごい）はやさで
（ミサイル）みたいに

④ まぐろは 小さな 赤い 魚たちを どうしましたか。

（一ぴき のこらず のみこんだ。）

⑤ にげた スイミーは どこを およぎましたか。

（くらい 海の そこ）

ものがたり文 スイミー ②

名まえ　　月　日

つぎの 文を 読《よ》んで もんだいに 答《こた》えましょう。

けれど、海《うみ》には、すばらしい ものが いっぱい あった。おもしろい ものを 見る たびに、スイミーは、だんだん 元気《げんき》を とりもどした。

にじ色《いろ》の ゼリーのような くらげ。水中ブルドーザーみたいな いせえび。

見た ことも ない 魚《さかな》たち。見えない 糸で ひっぱられて いる。

ドロップみたいな 岩《いわ》から 生えて いる、こんぶや わかめの 林。

うなぎ。かおを 見る ころには、しっぽを わすれているほど 長い。

そして、風《かぜ》に ゆれる もも色の やしの 木みたいな いそぎんちゃく。

（レオ＝レオニ 作 たにかわ しゅんたろう 訳《やく》「こくご二上 たんぽぽ」光村図書）

スイミーは 何《なに》を 見て 元気を とりもどしましたか。

① （にじ色の ゼリー）のような （くらげ）

② （水中ブルドーザー）みたいな （いせえび）

③ （見た こと）も ない （魚たち）

④ （ドロップみたいな 岩）から 生えている （こんぶや わかめの 林）

⑤ （うなぎ）

⑥ （風に ゆれる もも色の やしの木）みたいな （いそぎんちゃく）

ものがたり文 スイミー ③

名まえ　　月　日

つぎの 文を 読《よ》んで もんだいに 答《こた》えましょう。

その とき、岩《いわ》かげに スイミーは 見つけた、スイミーのと そっくりの、小さな 魚《さかな》の きょうだいたちを。

スイミーは 言《い》った。

「出て こいよ。みんなで あそぼう。おもしろい ものが いっぱいだよ。」

小さな 赤い 魚たちは、こたえた。

「だめだよ。大きな 魚に たべられて しまうよ。」

「だけど、いつまでも そこに じっと して いる わけには いかないよ。なんとか かんがえなくちゃ。」

スイミーは かんがえた。いろいろ かんがえた。うんと かんがえた。

（レオ＝レオニ 作 たにかわ しゅんたろう 訳《やく》「こくご二上 たんぽぽ」光村図書）

① 岩かげで スイミーが 見つけたのは だれですか。

（スイミー）のと（そっくり）の （小さな 魚の きょうだいたち）

② スイミーは、①に、何《なん》と 言って よびかけましたか。

「出て こいよ。みんなで あそぼう。おもしろい ものが いっぱいだよ。」

③ ②の よびかけに、①は、何と 答えましたか。

「だめだよ。大きな 魚に たべられて しまうよ。」

④ ③を きいて、スイミーは 何と 言いましたか。

「だけど、いつまでも そこに じっと して いる わけには いかないよ。なんとか かんがえなくちゃ。」

文の 中から ぬき出すときは、「、」や「。」も わすれずにね！

ものがたり文 スイミー ④

名まえ　　月　　日

● つぎの 文を 読《よ》んで もんだいに 答《こた》えましょう。

それから、とつぜん、スイミーは さけんだ。

「そうだ。みんな いっしょに およぐんだ。海《うみ》で いちばん 大きな 魚《さかな》の ふりを して。」

スイミーは 教《おし》えた。けっして、はなればなれに ならない こと。みんな、もちばを まもる こと。

みんなが、一ぴきの 大きな 魚みたいに およげるように なった とき、スイミーは 言《い》った。

「ぼくが、目に なろう。」

あさの つめたい 水の 中を、ひるの かがやく 光《ひかり》の 中を、みんなは およぎ、大きな 魚を おい出した。


（レオ＝レオニ 作 たにかわ しゅんたろう 訳《やく》 『こくご二上 たんぽぽ』光村図書）

① スイミーは、何《なん》と さけびましたか。
（「そうだ。みんな いっしょに およぐんだ。海で いちばん 大きな 魚の ふりを して。」）

② スイミーが みんなに 教えた、二つの ことを 書《か》きましょう。
（けっして はなればなれに ならない こと。）

（みんな、もちばを まもる こと。）


「二つのこと」を 聞かれて いるから、「〜こと。」の 形で 二つ 書こう。

③ さいごに スイミーは 何と 言いましたか。
（「ぼくが、目に なろう。」）

④ 大きな 魚を おい出した スイミーに、あなたが 言って あげたい ことを 書きましょう。
（〈れい〉
・みんなで がんばって よかったね。
・スイミーは かしこいね。
・スイミーも みんなも よく きょう力したね。 など）

ものがたり文 かさこじぞう ①

名まえ　　月　　日

● つぎの 文を 読《よ》んで もんだいに 答《こた》えましょう。

むかしむかし、ある ところに、じいさまと ばあさまが ありましたと。

［ア］ びんぼうで、その 日 その 日を ［イ］ くらして おりました。

ある 年の 大みそか、じいさまは ためいきを ついて 言《い》いました。

「ああ、その へんまで お正月さんが ござらっしゃると いうに、もちこの 用《よう》いも できんのう。」

「ほんにのう。」

「何《なん》ぞ、売《う》る もんでも あれば ええがのう。」

じいさまは、ざしきを 見回《みまわ》したけど、何にも ありません。

「ほんに、何にも ありゃせんのう。」

ばあさまは 土間《どま》の 方《ほう》を 見ました。すると、夏《なつ》の 間《あいだ》に かりとって おいた すげが つんで ありました。

「じいさま じいさま、かさこ こさえて、町さ 売りに 行ったら、もちこ 買《か》えんかのう。」

「おお おお、それが ええ。そう しよう。」

そこで、じいさまと ばあさまは 土間に 下り、ざんざら すげを そろえました。そして、せっせと すげがさを あみました。

（いわさき きょうこ 『新しい国語 二下』東京書籍）

① ア、イに あてはまる ことばを つぎの ［　］から えらんで 書《か》きましょう。
ア（たいそう）　イ（やっと）
［ やっと　たいそう　だから　ゆうゆうと ］

② 大みそかとは いつの ことですか。
（十二月三十一日）

③ ばあさまが 土間で 見つけた ものは 何ですか。
（夏の 間）に かりとって おいた（すげ）

④ ③で 見つかった ものを あんで 何《なに》を つくりましたか。
（すげがさ）（かさこ）

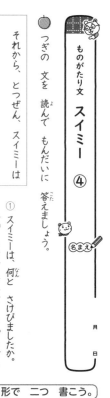

ものがたり文　かさこじぞう　②

名まえ　　月　日

つぎの　文を　読《よ》んで　もんだいに　答《こた》えましょう。

かさが　五つ　できると、じいさまは　それを　しょって、

「帰《かえ》りには、もちこ　買《か》って　くるで。にんじん、ごんぼも　しょって　くるでのう。」

と　言《い》うて、出かけました。

町には　大年《おおどし》の市《いち》が　立って　いて、正月買いもんの　人で　大にぎわいでした。うすや　きねを　売《う》る　店《みせ》も　あれば、山から　まつを　切《き》って　きて、売って　いる　人も　いました。

「ええ、まつは　いらんか。おかざりの　まつは　いらんか。」

じいさまも、声《こえ》を　はり上げました。

「ええ、かさや　かさやあ。かさこは　いらんか。」

けれども、だれも　ふりむいて　くれません。しかたなく、じいさまは　帰る　ことに　しました。

「年こしの　日に、かさこなんか　買う　もんは　おらんのじゃろ。ああ、もちこも　もたんで　帰れば、ばあさまは　がっかり　するじゃろうのう。」

いつのまにか、日も　くれかけました。

じいさまは、とんぼり　とんぼり　町を　出て、村の　外《はず》れの　野《の》っ原《ぱら》まで　来《き》ました。

⑤の答え

（いわさき　きょうこ『新しい国語　二下』東京書籍）

① かさは　いくつ　できましたか。
（五つ）

② じいさまは　何《なに》と　何と　何を　買って　くると　言いましたか。
（もちこ）

（にんじん）

（ごんぼ）

③ 町の　市では　どんな　ものを　売って　いましたか。
（うすや　きね）

（まつ）

④ ——に　ついて、じいさまは　どうして　帰る　ことに　したのですか。一つ　えらび、○を　つけましょう。
（　）帰りたくなったから。

（○）かさが　売れなかったから。

（　）ばあさまが　気に　なったから。

⑤ じいさまが　元気《げんき》を　なくして　町を　出た　ようすの　わかる　ことばに　〰〰を　引《ひ》きましょう。

ものがたり文　かさこじぞう　③

名まえ　　月　日

つぎの　文を　読《よ》んで　もんだいに　答《こた》えましょう。

ふと　顔《かお》を　上げると、道《みち》ばたに　じぞうさまが　六人　立って　いました。

おどうは　なし、木の　かげも　なし、ふきっさらしの　野《の》っ原《ぱら》なもんで、じぞうさまは　かたがわだけ　雪《ゆき》に　うもれて　いるのでした。

「おお、お気のどくにな。さぞ　つめたかろうのう。」

じいさまは、じぞうさまの　おつむの　雪を　かきおとしました。

「こっちの　じぞうさまは、［ア］に　しみを　こさえて。それから、この　じぞうさまは　どうじゃ。［イ］から　つららを　下げて　ござらっしゃる。」

じいさまは、ぬれて　つめたい　じぞうさまの　［ウ］やら　［エ］やらを　なでました。

「そうじゃ。この　かさこを　かぶって　くだされ。」

じいさまは、売《う》りものの　かさを　じぞうさまに　かぶせると、風《かぜ》で　とばぬよう、しっかり　あごの　ところで　むすんで　あげました。

ところが、じぞうさまの　数《かず》は　六人、かさこは　五つ。どうしても　足りません。

「おらので　わりいが、こらえて　くだされ。」

じいさまは、自分《じぶん》の　つぎはぎの　手ぬぐいを　とると、いちばん　しまいの　じぞうさまに　かぶせました。

「これで　ええ、これで　ええ。」

そこで、やっと　安心《あんしん》して、うちに　帰《かえ》りました。


（いわさき　きょうこ『新しい国語　二下』東京書籍）

① ア～エの　［　］の　中に　あてはまる　ことばを　つぎの　［　］から　えらんで　書《か》きましょう。

ア	イ	ウ	エ
ほおべた	はな	かた	せな

ほおべた　かた　はな　せな

② じぞうさまは　何人《なんにん》　立って　いましたか。
（六人）

③ じいさまは　じぞうさまに　かさを　かぶせるとき　何と　言《い》いましたか。
（「そうじゃ。この　かさこを　かぶって　くだされ。」）

文の　中から　ぬき出すときは、「、」や「。」も　わすれずにね！

④ じいさまは　かさこが　足りないので　かわりに　何《なに》を　かぶせて　あげましたか。
（自分の　つぎはぎの　手ぬぐい）

ものがたり文 かさこじぞう ④

名まえ

月　日

つぎの　文を　読《よ》んで　もんだいに　答《こた》えましょう。

「ばあさま　ばあさま、今《いま》　帰《かえ》った。」

「おお　おお、じいさまかい、さぞ　つめたかったろうの。かさこは　売《う》れたのかね。」

「それが　さっぱり　売れんでのう。」

じいさまは、とちゅうまで　来《く》ると、じぞうさまが　雪《ゆき》に　うもれて　いた　話《はなし》を　して、

「それで　おら、かさこ　かぶせて　きた。」

と　言《い》いました。すると、ばあさまは　いやな　顔《かお》　ひとつ　しないで、

「おお、それは　ええ　ことを　しなすった。じぞうさまも、この　雪じゃ　さぞ　つめたかろうもん。さあ　さあ、じいさま、いろりに　来《き》て　当《あ》たって　くだされ。」

じいさまは、いろりの　上に　かぶさるように　して、ひえた　体《からだ》を　あたためました。

「やれ　やれ、□　もちこなしの　年こしだ。そんなら　ひとつ　もちつきの　まねごとでも　しようかのう。」

じいさまは、
米《こめ》の　もちこ
ひとうす　ばったら
と、いろりの　ふちを　たたきました。


（いわさき きょうこ『新しい国語　二下』東京書籍）

① さぞは　どんな　いみですか。（　）に　○を　つけましょう。
（　）ふるえるほどに
（○）どんなにか
（　）ほんの　すこし

② ――の　ばあさまを　あなたは　どう　思《おも》いますか。
〈れい〉
・心が　やさしい。
・思いやりが　ある。　など

③ じいさまは　なぜ……のように　したのでしょう。○を　つけましょう。
（○）体じゅうを　あたためる　ため。

（　）いろりの　中に　入って　いる　ものを　とる　ため。

（　）いろりを　かくす　ため。

④ 上の　文の　□の　中に　ぴったり　あてはまる　ことばを　□の　中から　えらんで　書《か》きましょう。

とうとう

とうぜん　やっぱり　とうとう　そろそろ

ものがたり文 かさこじぞう ⑤

名まえ

月　日

つぎの　文を　読《よ》んで　もんだいに　答《こた》えましょう。

すると、ばあさまも　ほほと　わらって、
あわの　もちこ
ひとうす　ばったら
と、あいどりの　まねを　しました。
それから、二人は、つけな※　かみかみ、おゆを　のんで　休みました。
すると、真夜中《まよなか》ごろ、雪《ゆき》の　中を、
じょいやさ　じょいやさ
と、そりを　引《ひ》く　かけ声《ごえ》が　して　きました。
「ばあさま、今《いま》ごろ　だれじゃろ。長者《ちょうじゃ》どんの　わかいしゅが　正月買《か》いもんを　しのこして、今ごろ　引いて　きたんじゃろうか。」
ところが、そりを　引く　かけ声は、長者どんの　やしきの　方《ほう》には　行《い》かず、こっちに　近《ちか》づいて　きました。
耳を　すまして　聞《き》いて　みると、
六人の　じぞうさ
かさこ　とって　かぶせた
じさまの　うちは　どこだ
ばさまの　うちは　どこだ
と　歌《うた》って　いるのでした。

※つけな…なっぱの　つけものの　こと

（いわさき きょうこ『新しい国語　二下』東京書籍）

① ばあさまは　何《なん》と　言《い》って　あいどりの　まねを　しましたか。
あわの　もちこ
ひとうす　ばったら

② 二人は　何《なに》を　食《た》べて　何を　のんで　休みましたか。
（つけな）を　食べて、（おゆ）を　のんで　休んだ。

③ 真夜中ごろ　きこえたのは、どんな　かけ声でしたか。
じょいやさ　じょいやさ

④ 近づいて　きた　歌声は　何と　歌って　いましたか。
六人の　じぞうさ
かさこ　とって　かぶせた
じさまの　うちは　どこだ
ばさまの　うちは　どこだ

ものがたり文 かさこじぞう ⑥

名まえ　　月　日

つぎの 文を 読《よ》んで もんだいに 答《こた》えましょう。

①の答え

そして、じいさまの うちの 前《まえ》で 止《と》まると、何《なに》やら おもい ものを、

ずっさん ずっさん

と 下ろして いきました。

じいさまと ばあさまが おきて いって、雨戸《あまど》を くると、かさこを かぶった じぞうさまと、手ぬぐいを かぶった じぞうさまが、

じょいやさ じょいやさ

と、空《から》ぞりを 引《ひ》いて、帰《かえ》って いく ところでした。

のき下には、米《こめ》の もち、あわの もちの たわらが おいて ありました。

その ほかにも、みそだる、にんじん、ごんぼや だいこんの かます※、おかざりの まつなどが ありました。

じいさまと ばあさまは、［ア］ お正月を むかえる ことが できましたと。

※かます…野《や》さいなどを 入れる わらの ふくろ

（いわさき きょうこ『新しい国語 二下』東京書籍）

① ［　］から えらんで ［　］に あてはまる ことばを 書《か》きましょう。

かたかた
きょろきょろ
ずっさん ずっさん

② 〰〰で、空ぞりを 引いて 帰って 行《い》ったのは だれですか。

（かさこを かぶった じぞうさま）と
（手ぬぐいを かぶった じぞうさま）

③ のき下には どんな ものが おいて ありましたか。

米の もち、あわの もちの たわら、みそだる、にんじん、ごんぼや だいこんの かます、おかざりの まつ など

④ アに あてはまる ことばを えらび、（　）に ○を つけましょう。

（○）よい
（　）かなしい
（　）さんざんな

せつ明文 たんぽぽの ちえ ①

名まえ　　月　日

つぎの 文を 読《よ》んで もんだいに 答《こた》えましょう。

春《はる》に なると、たんぽぽの 黄色《きいろ》い きれいな 花が さきます。

二、三日 たつと、その 花は しぼんで、だんだん 黒《くろ》っぽい 色に かわって いきます。

そうして、たんぽぽの 花の じくは、ぐったりと じめんに たおれて しまいます。

［ア］、たんぽぽは、かれて しまったのでは ありません。花と じくを しずかに 休ませて、たねに、たくさんの えいようを おくって いるのです。［イ］、たんぽぽは、たねを どんどん 太《ふと》らせるのです。

（うえむら としお『こくご二上 たんぽぽ』光村図書）

① たんぽぽは、いつ さきますか。

（春）

② 花は はじめ どんな 色ですか。

（黄色）

③ 二、三日 たつと どんな 色に かわりますか。

（黒っぽい 色）

④ じめんに たおれた たんぽぽは かれたのですか。かれて いないのですか。

（かれて いない。）

⑤ アと イに あてはまる ことばを つぎの ［　］から えらんで 書《か》きましょう。

ア けれども
イ こうして

けれども
どうして
だから
こうして

せつ明文 たんぽぽの ちえ ②

名まえ　　月　日

● つぎの 文を 読《よ》んで もんだいに 答《こた》えましょう。

　やがて、花は すっかり かれて、その あとに、白い わた毛《げ》が できて きます。
　この わた毛の 一つ一つは、ひろがると、ちょうど らっかさんの ように なります。たんぽぽは、この わた毛に ついて いる たねを、ふわふわと とばすのです。
　この ころに なると、それまで たおれて いた 花の じくが、また おき上がります。そうして、せのびを するように、ぐんぐん のびて いきます。
　なぜ、こんな ことを するのでしょう。それは、せいを 高《たか》く する ほうが、わた毛に 風《かぜ》が よく あたって、たねを とおくまで とばす ことが できるからです。

（うえむら としお「こくご二上 たんぽぽ」光村図書）

① たんぽぽの 花が かれた あとに できるのは 何《なに》ですか。
（白い わた毛）

② ①の 一つ一つが ひろがると 何の ように なりますか。
（らっかさん）

③ たんぽぽが たねを とばす ころ おき上がるのは どの ぶ分《ぶん》ですか。
（花の じく）

④ ～～の 答えに なる 文を、上の 文しょうから 見つけて 書《か》きましょう。
（（それは、）せいを 高く する ほうが、わた毛に 風が よく あたって、たねを とおくまで とばす ことが できる からです。）

「なぜ」の 答えに なる 文だから、「～から」と りゆうを 書いている 文を 見つけよう。

せつ明文 たんぽぽの ちえ ③

名まえ　　月　日

● つぎの 文を 読《よ》んで もんだいに 答《こた》えましょう。

　よく 晴《は》れて、風《かぜ》の ある 日には、わた毛《げ》の らっかさんは、いっぱいに ひらいて、とおくまで とんで いきます。
　でも、しめり気の 多《おお》い 日や、雨ふりの 日には、わた毛の らっかさんは、すぼんで しまいます。それは わた毛が しめって、おもく なると、たねを とおくまで とばす ことが できないからです。
　このように、たんぽぽは、いろいろな ちえを はたらかせて います。そうして、あちらこちらに たねを ちらして、あたらしい なかまを ふやして いくのです。

（うえむら としお「こくご二上 たんぽぽ」光村図書）

① よく 晴れて、風の ある 日、わた毛の らっかさんは どうなりますか。
いっぱいに ひらい て、とおくまで とんで いきます。

② しめりけの 多い 日や、雨ふりの 日には、わた毛の らっかさんは どうなりますか。
（すぼんで しまいます。）

③ ②のように なるのは なぜですか。
（わた毛が しめって おもく なると、たねを とおくまで とばす ことが できない から。）

④ たんぽぽが ちえを はたらかせる のは 何《なん》の ためですか。
（あたらしい なかま）を（ふやして いく ため。）

「何のため」と 聞かれて いるから、「～ため。」と 答えるよ。

せつ明文 たんぽぽ ①

名まえ　　月　　日

つぎの 文を 読《よ》んで もんだいに 答《こた》えましょう。

　たんぽぽは じょうぶな 草です。はが ふまれたり、つみとられたり しても、また 生えて きます。ねが 生きて いて、あたらしい はを つくり出すのです。
　たんぽぽの ねを ほって みました。ながい ねです。百センチメートルいじょうの ものも ありました。
　はるの はれた 日に、花が さきます。花は、夕方《ゆうがた》 日が かげると、とじて しまいます。よるの あいだ、ずっと とじて います。つぎの 日、日が さして くると、また ひらきます。
　花を よく 見て みましょう。
　一つの 花のように 見えるのは、小さな 花の あつまりなのです。小さな 花を 数《かぞ》えて みたら、百八十も ありました。これより 多《おお》い ものも、少《すく》ない ものも あります。この 小さな 花に、みが 一つずつ できるように なって います。

（ひらやま かずこ『新しい国語 二上』東京書籍）

① たんぽぽが、はを ふまれたり、つみとられたり しても、また 生えて くるのは なぜですか。
（ねが 生きて いる）から。

② たんぽぽの 花は、どんな 日に さきますか。
（はる）の（はれた）日

③ 花は いつ とじますか。
（夕方）

④ 花が また ひらくのは いつ、どうなった ときですか。
いつ（つぎの 日）、どうなった（日が さしてきた）とき。

⑤ 一つの 花のように 見えるのは 何《なに》の あつまりですか。
（小さな 花（の あつまり））

りゆうを 聞かれて いるから、「〜から。」と 答えるよ。

せつ明文 たんぽぽ ②

名まえ　　月　　日

つぎの 文を 読《よ》んで もんだいに 答《こた》えましょう。

　花が しぼむと、みが そだって いきます。みが じゅくすまで、花の くきは、ひくく たおれて います。
　みが じゅくして たねが できると、くきは おき上がって、たかく のびます。
　はれた 日に、わた毛《げ》が ひらきます。たかく のびた くきの 上の わた毛には、風《かぜ》が よく 当《あ》たります。わた毛は、風に ふきとばされます。かるくて ふわふわした わた毛は、風に のって、とおくに 行く ことが できます。
　わた毛が 土に おちると、わた毛に ついて いる たねが、やがて めを 出します。たんぽぽは、そこで ねを はって、そだって いきます。
　このように して、たんぽぽは、いろいろな ところに 生え、なかまを ふやして いくのです。

（ひらやま かずこ『新しい国語 二上』東京書籍）

① みが そだつのは 花が どうなった あとですか。
（しぼんだ）あと。

② みが じゅくすまで 花の くきは どうなって いますか。
（ひくく たおれて います。）

③ みが じゅくすと、くきは どうなりますか。
（おき上がって たかく のびます。）

④ わた毛が ひらくのは、どんな 日ですか。
（はれた 日）

⑤ かるくて ふわふわした わた毛は どんな ことが できますか。
（風）に のって、（とおく）に（行く）ことが できる。

「どうなった あと」と 聞かれて いるから、「〜あと。」と 答えるよ。

せつ明文 ビーバーの 大工事 ①

名まえ　　月　日

つぎの 文を 読《よ》んで もんだいに 答《こた》えましょう。

ここは、北《きた》アメリカ。大きな 森の 中の 川の ほとりです。

ビーバーが、木の みきを かじって います。

ガリガリ、ガリガリ。

すごい はやさです。木の 根元《ねもと》には、たちまち 木の かわや 木くずが とびちり、みきの 回《まわ》りが 五十センチメートルいじょうも ある 木が、ドシーンと 地《じ》ひびきを 立てて たおれます。

ちかよって みますと、上あごの 歯《は》を 木の みきに 当《あ》てて ささえに し、下あごの するどい 歯で、ぐいぐいと かじって いるのです。するどくて 大きい 歯は、まるで、大工《だいく》さんの つかう のみの ようです。

ドシーン、ドシーン。

あちらでも こちらでも、ポプラや やなぎの 木が、つぎつぎに たおされて いきます。


（なかがわ しろう「新しい国語 二下」東京書籍）

① ビーバーが 木の みきを かじる とき どんな 音が しますか。
（ガリガリ、ガリガリ。）

② 地ひびきを 立てて たおれるのは どんな 木ですか。
（みきの 回りが 五十センチメートルいじょうも ある 木）

③ ビーバーは どんな ふうに して 木を かじりますか。
（上あごの 歯）を（木の みき）に 当てて（ささえ）に し、（下あごの するどい 歯）で（ぐいぐい）と かじる。

④ ビーバーの 歯は、何《なん》のようですか。
（大工さん）の つかう（のみ）

⑤ ～～は 何の 木の たおれる 音ですか。
（ポプラや やなぎ（の木））

せつ明文 ビーバーの 大工事 ②

名まえ　　月　日

つぎの 文を 読《よ》んで もんだいに 答《こた》えましょう。

ビーバーは、切《き》りたおした 木を、さらに みじかく かみ切り、ずるずると 川の 方《ほう》に 引《ひ》きずって いきます。そして、木を しっかりと くわえた まま、上手に およいで いきます。

ビーバーは、ゆびと ゆびの 間《あいだ》に じょうぶな 水かきが ある 後《うし》ろあしで、ぐいぐいと 体《からだ》を おし すすめます。おは、オールのような 形《かたち》を して いて、上手に かじを とります。

ビーバーは、木を くわえた まま、水の 中へ もぐって いきます。そうして、木の とがった 方を 川の そこに さしこんで、ながれないように します。その 上に 小えだを つみ上げて いき、上から 石で おもしを して、どろで しっかり かためて いきます。

家族《かぞく》の ビーバーたちも、はこんで きた 木を つぎつぎに ならべ、石と どろで しっかりと かためて いきます。


（なかがわ しろう「新しい国語 二下」東京書籍）

① ビーバーは、切りたおした 木を どこへ 引きずって いきますか。
（川の 方）

② 木を しっかり くわえたまま どうしますか。
（上手に およいで いきます。）

③ ゆびと ゆびの 間に 何《なに》が ありますか。
（水かき）

④ 木を くわえたまま どこへ もぐりますか。
（水の 中）

⑤ 木が ながれないように どうしますか。
（木の とがった 方を 川の そこに さしこみます。）

⑥ ⑤の 上に つみ上げる ものは 何《なん》ですか。
（小えだ）

⑦ おもしは 何で しますか。
（石）

⑧ 何で かためますか。
（どろ）

せつ明文 ビーバーの大工事 ③

名まえ　　　月　日

● つぎの 文を 読《よ》んで もんだいに 答《こた》えましょう。

一度《いちど》 もぐった ビーバーは、ふつうで 五分間《ふんかん》、長《なが》い ときには 十五分間も 水の 中に います。
ビーバーは、夕方《ゆうがた》から 夜中《よなか》まで、家族《かぞく》そう出《で》で しごとを つづけます。

こうして、つみ上げられた 木と 石と どろは、一方《いっぽう》の 川岸《かわぎし》から はんたいがわの 川岸まで、少《すこ》しずつ のびて いき、やがて 川の 水を せき止《と》める りっぱな ダムが できあがります。

今《いま》までに 見つかった ビーバーの ダムの 中には、高《たか》さ 二メートル、長《なが》さ 四百五十メートルも ある 大きな ものも あったと いう ことです。

（なかがわ しろう『新しい国語 二下』東京書籍）

① ビーバーは どのくらい 水の 中に いますか。
ふつう ……（五分間）
長いとき ……（十五分間）

② ビーバーは いつから いつまで しごとを つづけますか。
（夕方）から（夜中）まで

③ つみ上げられたのは 何《なに》と 何と 何ですか。
（木）（石）（どろ）

④ ③は やがて 何に なりますか。
（川の 水を せき止める りっぱな）ダム

⑤ ④は 大きな もので どのくらい ありますか。
（高さ二メートル、長さ四百五十メートル）

せつ明文 ビーバーの大工事 ④

名まえ　　　月　日

● つぎの 文を 読《よ》んで もんだいに 答《こた》えましょう。

ダムが できあがって、水が せき止《と》められると、その 内《うち》がわに みずうみが できます。
ビーバーは、その みずうみの まん中に、すを 作《つく》ります。
すは、ダムと 同《おな》じように、木と 石と どろを つみ上げて 作ります。それは、まるで、水の 上に うかんだ しまのようです。
すの 入り口は、水の 中に あり、ビーバーのように、およぎの 上手な どうぶつで ないと、けっして すの 中に 入る ことは できません。
ビーバーが ダムを 作るのは、それで 川の 水を せき止めて みずうみを 作り、その みずうみの 中に、てきに おそわれない あんぜんな すを 作る ためなのです。

（なかがわ しろう『新しい国語 二下』東京書籍）

① ダムの 水が せき止められると 内がわに できるのは 何《なに》ですか。
（みずうみ）

② ビーバーは ①の まん中に 何を 作りますか。
（す）

③ ②は 何を つみ上げて 作りますか。
（木）（石）（どろ）

④ すの 入り口は どこに ありますか。
（水の 中）

⑤ ビーバーが すの 中に 入る ことが できるのは、どんな どうぶつだからですか。
（およぎの 上手な どうぶつ）

⑥ ビーバーが ダムを 作るのは 何を 作る ためですか。
（あんぜん）な（す）

かん字 ① 一年の ふくしゅう

名まえ　月　日

1 つぎの どちらの □にも あてはまる かん字を 書《か》きましょう。

① まん月《げつ》の 月《つき》
② 水《すい》ように くんだ 水《みず》
③ 金《きん》色《いろ》の お金《かね》
④ 花《はな》火《び》に 点《てん》火《か》する。
⑤ 木《き》の 木《もく》目
⑥ 土《ど》ように ほった 土《つち》
⑦ 日《にち》ように 見た 夕《ゆう》日《ひ》

2 つぎの □に あてはまる かん字を 書き、かん字かるたを 作《つく》りましょう。

① いちごが 一《ひと》つぶ おいしいな。
② にわとりが 二《に》羽《わ》 やって きた。
③ さんまが 三《さん》びき およいでる。
④ ヨットが 四《よん》そう うかんでる。
⑤ ゴリラが 五《ご》頭《とう》 あそんでる。
⑥ 自《じ》どう車《しゃ》 六《ろく》台《だい》 はっ車した。
⑦ なっとう 七《なな》つぶ こぼしたよ。
⑧ はちまき 八《はち》本 足《た》りないよ。
⑨ おかしを 九《ここの》つ くばります。
⑩ ハンカチ 十《じゅう》まい たたみます。

かん字 ②

名まえ　月　日

1 つぎの ——の かん字の 読《よ》みがなを （ ）に 書《か》きましょう。

① 上手（じょうず）に ふえを ふく。
② 川の 上手（かみて）
③ 下手（へた）な 字だ。
④ ぶたいの 下手（しもて）
⑤ 元気（げんき）
⑥ 元日（がんじつ）
⑦ 火（ひ）の元（もと）
⑧ 晴（は）れ後（のち）くもり
⑨ 前後左右（ぜんごさゆう）
⑩ 後半（こうはん）
⑪ 後（うし）ろの 人（ひと）
⑫ 後（あと）を おう。
⑬ 当番（とうばん）の 日

2 つぎの □に あてはまる かん字を 書きましょう。

① 朝《あさ》—昼《ひる》—夜《よる》
② 東《とう》—西《ざい》—南《なん》—北《ぼく》
③ 今日《きょう》 あす
④ 父《ちち》—母《はは》—姉《あね》—妹《いもうと》—兄《あに》—弟《おとうと》
⑤ 新聞紙《しんぶんし》と ボール紙《がみ》
⑥ 売《う》る—買《か》う

3 つぎの □に あてはまる かん字を 書きましょう。

① お金《かね》が 十円《じゅうえん》 足《た》りない。
② 空《そら》には 星《ほし》が 光《ひか》って いる。

楽《たの》しく がんばろう♪

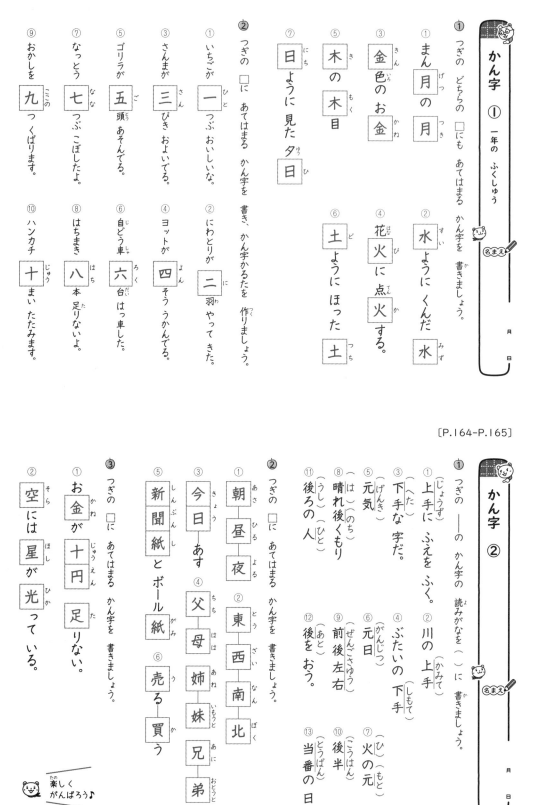

かん字 ③

名まえ　月　日

1 つぎの 教科《きょうか》の 名前《なまえ》を かん字で 書《か》きましょう。

① 国語《こくご》　② 書《しょ》しゃ　③ 算数《さんすう》　④ 生活《せいかつ》　⑤ 音楽《おんがく》　⑥ 体《たい》いく　⑦ 図画工作《ずがこうさく》

2 つぎの 学校に かんけいする かん字を 書きましょう。

① 学校《がっこう》へ 行《い》く。　② べん強《きょう》　③ きゅう食《しょく》

3 つぎの からだに かんけいする かん字を 書きましょう。

① 頭《あたま》　② かみの 毛《け》　③ 顔《かお》　④ よく 見《み》える 目《め》　⑤ 食《た》べる 口《くち》　⑥ 耳《みみ》で 聞《き》く。　⑦ 足首《あしくび》　⑧ 歩《ある》く　⑨ つま先《さき》　⑩ 手《て》で 線《せん》を 引《ひ》く。

4 つぎの ――の かん字の 読《よ》みがなを （　）に 書きましょう。

① 数（かず）を 数（かぞ）える。　② 歌（うた）を 歌（うた）う。　③ 光（ひかり）が 光（ひか）る。　④ つみ上（あ）げる　上（のぼ）る　おく上（じょう）　⑤ 一組（いちくみ）と 組（く）む。

かん字 ④

名まえ　月　日

1 つぎの □に あてはまる かん字を 書きましょう。

① 王《おう》さまが、目玉《だま》やきを 食《た》べる。
② 村《むら》の 人が、大切《たいせつ》に して いる 林《はやし》。
③ 校門《こうもん》から 入《はい》って くる 人《ひと》が いる。
④ 市場《いちば》で 貝《かい》を 見《み》つけた。

2 つぎの □に あてはまる かん字を 書《か》きましょう。

① 名《な》ふだ　② ふみ台《だい》　③ 口《くち》　④ 石《いし》　⑤ 足《あし》　⑥ 力を 合《あ》わせる。　⑦ 木《こ》かげで 本《ほん》を 読《よ》む。　⑧ 早《はや》おき　⑨ 草《くさ》とり　⑩ 日記《にっき》　⑪ 会話《かいわ》　⑫ 山里《やまざと》の りょう理《り》　⑬ 魚《さかな》を 分《わ》ける。

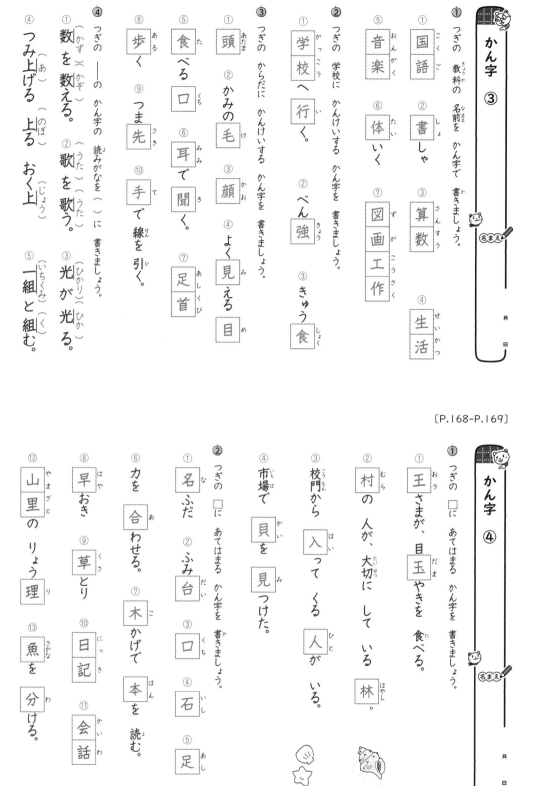

〔P.170-P.171〕

かん字 ⑤

名まえ　月　日

つぎの □には かん字を、（ ）には おくりがなを 書《か》きましょう。

① ヒヤシンスの めが 出《で》（る）。　かばんから 本を 出《だ》（す）。

② 手《て》紙《がみ》を ポストに 入《い》（れ）る。　へやに 風《かぜ》が 入《はい》（る）。

③ 公園《こうえん》へ あそびに 行《い》（こ）う。　入学しきを 行《おこな》（う）。

④ 草が 生《は》（え）る。　ねこの 子が 生《う》（まれ）た。

⑤ 夜《よ》が 明《あ》（け）た。　外《そと》が 明《あか》（るい）。

⑥ 自《じ》てん車《しゃ》が 止《と》（ま）る。　きかいを 止《と》（め）た。

⑦ 二かいから 下《お》（り）る。　にもつを 下《お》（ろ）す。

かばんを 下《さ》（げ）る。　川を 下《くだ》（っ）た。

⑧ 友《とも》だちに 話《はな》（し）た。

⑨ 文字を 書《か》（い）た。

※「書（きまし）た」など、ていねいな ことばで 答えても かまいません。

ちょっと むずかしいぞ。できるかな!?

※ P.172・173は 答えを しょうりゃくして います。

〔P.174-P.175〕

ことばあそび ②

名まえ　月　日

1 しりとりに なるように、（ ）に ことばを 書《か》きましょう。

① 〈れい〉カカオ → （ オレンジ ） → ジュース

② ゴリラ → （ ラッコ ） → コアラ

③ ココア → （アイスクリーム） → ムース

④ タイ → （ イタリア ） → アメリカ

何《なに》の なかまか かんがえて みてね。④は、長《なが》ぐつの 形《かたち》の 国《くに》だよ！

2 上から 読《よ》んでも 下から 読んでも 同《おな》じに なる ことばや 文（回文《かいぶん》）を 作《つく》りましょう。

〈れい〉たけやぶ やけた（□には 同じ 文字が 入ります。）

① トマト（ヒント…野《や》さいです）

② しんぶんし（ヒント…紙《かみ》で できています）

③ スイス（ヒント…国《くに》の 名前《なまえ》です）

④ きつつき（ヒント…鳥《とり》です）

⑤ いかとかい（ヒント…海《うみ》の 生きものが 二つ 出て きます）

⑥ にわのわに（ヒント…こわい どうぶつが 家《いえ》に いる!?）

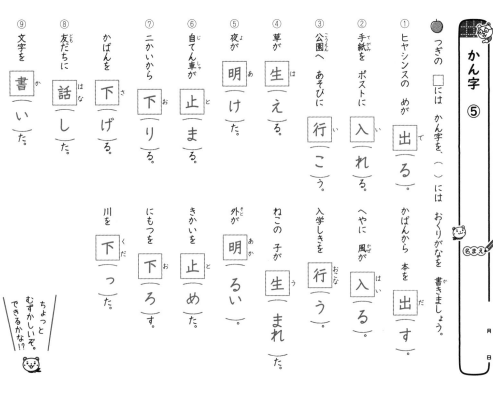

がんばったね!